L'INSTRVCTION DV ROY,

EN L'EXERCICE
DE MONTER A CHEVAL.

PAR MESSIRE

ANTOINE DE PLUVINEL,

son Sous-Gouverneur, Conseiller, en son Conseil d'Estat,
Chambellan ordinaire, & son Escuyer principal.

Lequel respondant à sa Majesté, luy faict remarquer l'excellence de sa Methode,
pour reduire les chevaux en peu de temps à l'obeyssance des justes
proporions de tous les plus beaux airs & maneiges.

Le tout enrichy de grandes figures en taille douce, representant les vrayes &
naïfues actions des hommes & des chevaux en tous les airs, & maneiges, cour-
ses de bague, rompre en lice au Quintan, & combatre à l'Espée : ensemble
les figures des brides plus necessaires à cet usage, desseignées & gravées

Par CRISPIAN DE PAS.

AMSTERDAM,
Chez JEAN SCHIPPER.
M. DC. LXVI.

Avec Privilege du Roy Tres-Chrestien.

Extraict du Privilege du Roy.

LE ROY par ſes lettres patentes, ſcellées de ſon grand Sceau, a permis à Criſpian de Pas de faire imprimer & vendre par tel Imprimeur ou Libraire qu'il adviſera, les Inſtructions de ſa Majeſté en l'exercice de monter à Cheval, par Monſieur de Pluvinel, enrichy de quantité de figures en taille douce par ledit de Pas. Defendant tres-expreſſement à toutes perſonnes de quelque eſtat, qualité, ou condition qu'ils ſoient, d'en imprimer ou vendre, voire meſmes d'en tenir d'autre impreſſion que de celles qu'aura fait imprimer ledit de Pas, ou de ceux qui auront droit de luy, à peine de trois mil livres d'amende, confiſcation des exemplaires, & de tous les deſpens, dommages & intereſts, comme il eſt plus à plein conten ausdites lettres données à Paris, le 12. jour de May, mil ſix cens vingt-cinq. Signées par le Roy en ſon Conſeil.

PERROCHEL.

E

L'INSTRUCTION DU ROY,

EN L' EXERCICE DE MONTER A CHEVAL

Par Meßire ANTOINE DE PLUVINEL, Escuyer principal de sa Majeste.

A AMSTERDAM
Par Jean I. Schipper
1666

AU ROY.

 C'eſt avec un deſplaiſir extreme que je ſuis contraint de prendre la plume ; mais je m'eſtimerois indigne de l'amitié que feu Monſieur de Pluvinel m'a portée, ſi je ſouffrois plus long-temps obſcurcir la reputation d'un ſi excellent homme, par la publication d'un Livre imprimé apres ſa mort, & adreſſé ſous ſon nom à voſtre Majeſté : d'accuſer auſſi de malice celuy qui l'a fait. Ie croy qu'eſtant ſon ſerviteur domeſtique, il aura pluſtoſt commis ceſte faute par ignorance ; bien que la pluspart le puiſſent avec raiſon nommer preſomptueux, d'avoir oſé entreprendre de publier cet ouvrage ſans le communiquer à pas un des amis du defunct : Car s'il en euſt uſé de la ſorte, ceux qui cognoiſſoient plus particulierement la ſuffiſance de ſon maiſtre, luy euſſent fait voir clairement que tout ce qu'il a mis en lumiere, n'eſtoit autre choſe que nombre de fragmens ou memoires, ſur leſquels il eſperoit s'eſtendre d'avantage. Et pour faire paroiſtre à voſtre Majeſté la verité de mon dire, c'eſt que Monſieur de Pluvinel, quelques mois auparavant de quitter ceſte vie pour paſſer à une meilleure, me fit la faveur de me monſtrer ce que par le commandement de voſtre Majeſté il avoit commencé d'eſcrire, touchant les principales regles de la methode qu'il tenoit pour reduire les chevaux à la parfaite obeyſſance

de

de l'homme : Et d'autant que ce n'eſtoient encore
que les premiers traits de ſon imagination , leſ-
quels il n'avoit point reveus, pretendant , comme
il me diſoit, d'y mettre bien-toſt la derniere main:
il me pria de luy vouloir garder, ſans le faire voir
à perſonne , qu'il n'y euſt mis l'ordre qu'il eſperoit
pour le rendre digne offert à V. M. Mais (SIRE)
la mort l'ayant ſurpris auparavant l'execution de
ce deſſein , je m'eſtois reſolu de taire ce qu'il m'a-
voit laiſſé , crainte de faillir , ſi je montrois au public , contre ſon intention , un ouvrage imparfait.
Mais voyant le livre qui ſe publie, ſi eſloigné du
ſens & de la ſuffiſance de celuy duquel je cheris la
memoire, j'ay eſtimé devoir pluſtoſt manquer à la
priere qu'il m'avoit faite , que de ſouffrir d'avantage V. M. eſtre abuſée. C'eſt pourquoy (SIRE)
je vous offre ce que j'ay de luy en meſme eſtat qu'il
me l'a mis entre les mains , afin que V. M. remarque, qu'encore qu'il ne fut perſonne de beaucoup
de diſcours , que neantmoins il pouvoit exprimer
ſa conception avec plus d'ordre & de raiſon ,
l'ayant cognu pour le plus excellent de tous ceux
qui ont jamais chauſſé les eſperons , pour mettre l'art dont je parle à ſa perfection ; le plus doux
pour faire concevoir aux hommes la maniere d'atteindre au vray poinct de la ſcience; le plus bref en
toutes ſortes d'inventions, pour tirer des chevaux,
ſans beaucoup les travailler, ce qu'on deſire d'eux;
le plus poly en ce qui dépend de la perfection du
Chevalier ; & qui en a rendu de telles preuves ,
qu'il ſe peut dire de luy avec verité, qu'il a plus
dreſſé d'hommes & de chevaux , que tous ceux
qui

DEDICACE.

qui s'en font meſlez depuis cent ans. Si donc l'œuvre que je preſente à V. M. n'eſt en ſi bon ordre
que je ſouhaiterois, elle conſiderera, s'il luy plaiſt,
que la cauſe ne procede pas de ſon inſuffiſance,
mais du manque de vie, qui ne luy a donné le
moyen de le mettre en la forme qu'il deſiroit. Partant (SIRE) je ſupplie tres-humblement voſtre Majeſté avoir agreable de le recevoir de moy
avec la meſme bonne volonté, qu'elle eut teſ-
moignée à l'Autheur, puis que j'ay autant d'affection à voſtre ſervice, & que je ne ſuis pas moins
que luy,

SIRE,

Voſtre tres-humble, & tres-obeyſſant
ſerviteur & ſubjet,

RENÉ DE MENOU,
CHARNIZAY.

Talis erat vultu princeps moderator equorum
Regibus acceptus qui PLVVINELLVS erat:
Ipse sibi sortem fecit virtute benignam,
Audyt et FRANCÆ Nobilitatis Amor.

M le Mre de Souuré   Le Roy   M de Pluuinel

M le Duc
de Bellegarde grand Eʃcuyer de France   M du Pré
                                          ʃils de M. J. Pauuroni Eʃc. du P.

Figur. 1. A. 1. part

L'INSTRVCTION DV ROY,
EN L'EXERCICE
DE MONTER A CHEVAL.

Par Meſſire ANTOINE DE PLVVINEL, Eſcuyer
principal de ſa Majeſté.

PREMIERE PARTIE.
LE ROY.

MONSIEUR le Grand , puis que mon
aage & ma force me permettent de contenter le deſir que j'ay , il y a long-temps , d'apprendre à bien mener un cheval pour m'en
ſervir , ſoit à la teſte de mes Armées , ou ſur
la Carriere , pour les actions de plaiſir : Ie veux en ſçavoir non ſeulement ce qui m'eſt neceſſaire comme Roy ,
mais auſſi ce qu'il en faut pour atteindre à la perfection
de cét exercice : afin de cognoiſtre parmy tous ceux de
mon Royaume les plus dignes d'eſtre eſtimez.

MONSIEUR LE GRAND.

SIRE, voſtre Majeſté a raiſon de ſouhaitter paſſionné-
ment d'apprendre le plus beau , & le plus neceſſaire de
tous les exercices qui ſe pratiquent au monde , non ſeulement pour le corps , mais auſſi pour l'eſprit ; comme
Monſieur de Pluvinel luy donnera parfaictement à entendre, eſtant tres-aiſe de ce qu'il a encor aſſez de vigueur
pour enſeigner à voſtre Majeſté , la perfection de ceſte
ſcience.

A

LE

LE ROY.

Ie ne doute nullement de ce que vous m'asseurez, c'est pourquoy, Monsieur de Pluvinel, dites moy ce qu'il faut faire pour avoir parfaite cognoissance de la Cavalerie. Et premierement, esclaircissez moy de ce que Monsieur le Grand me vient de dire, que cét exercice n'est pas seulement necessaire pour le corps, mais aussi pour l'esprit.

PLUVINEL.

SIRE, je loüe Dieu de voir que V. M. continuë dans la loüable coustume que j'ay jusques icy remarquée d'elle, qui est de sçavoir parfaitement tout ce qu'elle desire entreprendre, & avoir entiere cognoissance de ce qui se presente devant elle. Qui me fait esperer qu'allant tousiours continuant ce genereux dessein, la France se verra comblée du plus grand heur & felicité qu'elle sçauroit desirer, estant commandée par le plus grand, & plus vertueux Monarque qui aye porté ce tiltre dans le monde. Or SIRE, pour contenter vostre loüable curiosité, elle remarquera, s'il luy plaist, que toutes les sciences, & les arts que les hommes traittent par raison, ils les apprennent en repos, sans aucun tourment, agitation, ny apprehension quelconque : Leur estant permis, soit en la presence, ou en l'absence de celuy qui les enseigne, d'estudier en leur particulier ce que leur maistre leur aura enseigné, sans estre inquietez dequoy que ce soit. Mais en l'exercice de la Cavalerie, il n'en est pas de mesmes : car l'homme ne le peut apprendre, qu'en montant sur un cheval, duquel il faut qu'il se resolve de souffrir toutes les extravagances qui se peuvent attendre d'un animal irraisonnable, les perils qui se rencontrent parmy la cholere, le desespoir, & la lascheté de tels animaux, joincte aux apprehensions d'en ressentir les effects. Toutes
lesquel-

lefquelles chofes ne fe peuvent vaincre ny eviter, qu'a-
vec la cognoiffance de la fcience, la bonté de l'efprit, &
la folidité du jugement : lequel faut qu'il agiffe dans le
plus fort de tous ces tourmens ; avec la mefme prompti-
tude, & froideur, que fait celuy qui affis dans fon cabi-
net, tafche d'apprendre quelque chofe dans un livre. Tellement que par là, voftre Majefté peut cognoiftre tres-
clairement, comme quoy ce bel exercice eft utile à l'e-
fprit, puis qu'elle l'inftruict, & l'accouftume d'executer
nettement, & avec ordre, toutes ces fonctions, parmy le tracas, le bruict, l'agitation, & la peur continuelle du peril, qui eft comme un acheminement, pour
le rendre capable de faire ces mefmes operations parmy
les armes, & au milieu des hazards qui s'y rencontrent ;
y ayant encores une chofe tres-digne de remarquer, &
tres-neceffaire pour les grands Roys : C'eft que la pluspart des hommes, & mefmes ceux qui font deftinez
pour leur enfeigner la vertu, les flattent le plus fouvent :
mais fi en cette fcience, je voulois flatter V. M. j'aurois la
honte qu'un animal fans raifon m'accuferoit de faux devant elle, & par confequent d'infidelité : c'eft pourquoy
afin que je n'encoure cét inconvenient, elle ne trouvera
mauvais, s'il luy plaift, fi en la reprenant je dis la verité.
Quand à ce qui touche le profit que le corps reçoit au
continuel ufage de cét exercice, c'eft qu'outre qu'il oblige l'homme à vivre fobrement & reiglement;il le rend libre en toutes fes parties, le fait eviter toutes fortes d'ex-
cez & de desbauches, qui pourroient troubler fa fanté,
fçachant bien eftre impoffible à celuy qui reffent la moindre incommodité en fa perfonne,de pouvoir entreprendre
quoy que cé foit, à cheval de bonne grace, ny autrement.

MONSIEVR LE GRAND.

S I R E, je fuis bien aife dequoy Monfieur de Pluvinel

nel fait remarquer à V. M. que j'ay eu raiſon de l'aſſeurer, que luy ſeul la pouvoit dignement entretenir de
tout ce qui concerne la parfaite cognoiſſance de la Cavalerie. Ie m'aſſeure que la continuation de ſon entretien
luy en rendra encores plus de certitude, & qu'il luy dön-
nera l'intelligence ſi entiere de tout ce qu'elle luy demandera, qu'il la rendra auſſi parfaite que luy, non en l'uſage,
qui ne s'acquiert qu'avec une tres-longue pratique, mais
en la Theorie.

LE ROY.

Ie croy que ſi j'ay bien appris ces deux premiers
poinĉts, je pourray faire le ſemblable au reſte. C'eſt pourquoy, Monſieur de Pluvinel, paſſons outre, & me dites par
où vous voudriez commencer à former voſtre Eſcolier.

PLUVINEL.

SIRE, il eſt beſoin que V. M. ſçache qu'encore que
la pluspart des hommes ſoient capables de faire quelque
choſe en toutes ſortes d'exercices, & meſmes en celuy-cy,
neantmoins les uns plus que les autres y ſont propres, &
particulierement ceux auſquels Dieu a donné un bon
eſprit, & un corps-bien proportionné & agile.

LE ROY.

Quelle taille trouvez-vous la plus commode pour bien
reüſſir à ce que vous deſirez ?

PLUVINEL.

SIRE, Ie ferois volontiers eleĉtion des hommes de
moyenne taille, en ce qu'ils ſont fermes, legers, libres,
les aydes plus juſtes & vigoureuſes, donnant par ce moyen
plus de plaiſir au cheval. Les grands ne ſont pas ordinairement fermes, & n'ont tant de juſteſſe : par conſequent
le

le cheval ne prend pas tant de plaifir à manier fous eux.
Car c'eft une maxime, que le cheval doit prendre plaifir à
manier, ou autrement le Chevalier & luy ne fçauroient
rien faire de bonne grace. Les petits hommes font les plus
fermes, mais auffi c'eft tout ce qu'ils ont, car leurs aydes
ne donnent pas grande crainte quand il eft neceffaire.
Le cheval ayant ce fentiment, ne s'employe pas avec la vigueur requife, & le plus fouvent quand il eft befoin du
chaftiment, il ne le reçoit pas tel qu'il devroit : tellement
que trouvant un Chevalier de moyenne taille, avec les
qualitez que j'ay dites, il peut atteindre facilement à la
perfeétion, comme je m'affeure que fera voftre Majefté, pour peu de peine qu'elle aye agreable d'y prendre,
ayant en elle tout ce qui eft neceffaire pour arriver à ce
but. Mais pource qu'il luy doit fuffire de fçavoir feulement (en ce qui concerne la praétique) tirer de bonne
grace d'un cheval dreffé tout ce que vos Efcuyers luy
auront appris pour voftre fervice, foit pour la guerre, ou
pour le plaifir de la carriere, V. M. fe contentera, s'il luy
plaift, de ne fe travailler le corps que jufques à ce poinét.
Mais en ce de la Theorie, afin d'avoir parfaiéte cognoiffance de ceux qui parmy voftre Nobleffe feront les plus
dignes d'eftre eftimez de V. M. j'approuve le defir qu'elle
a d'en fçavoir toutes les particularitez, & dis que celuy
auquel la nature a donné liberalement toutes les graces
que j'ay declarées, doit commencer à y chercher quelque
ornement de bienfeance : ce qui fe fait par les habits les
plus propres à l'exercice qu'il defire faire, foit à pied,
foit à cheval, non feulement pour ce qui concerne la propreté, mais la commodité.

LE ROY.

Comme quoy faut-il que l'homme eftant à cheval foit
habillé ?

B   PLU-

PLVVINEL.

Ie ne defire point, SIRE, adftraindre perfonne à s'habiller autrement qu'à fa fantafie, d'autant que tout homme de bon jugement cherchera tousjours, & trouvera affeurement ce qui fera de la bienfeance; & en pratiquant, rencontrera fa commodité. Mais d'autant que le long ufage que j'ay en l'exercice duquel je parle, m'a fait recognoiftre la commodité & incommodité qu'il y a dans les habits de diverfes façons; Ie confeille à celuy qui y prendra plaifir, de ne porter jamais de chapeau pefant, ny qui aye le bord trop large, pour éviter le danger, qu'un cheval incommode en maniant ne le face tomber, ou l'oblige d'y porter fouvent la main : lefquelles chofes, contre la bienfeance qui n'y feroit gardée, embroüillent le Chevalier & divertiffent l'efprit de ce qu'il doit, & la main de l'efpée ou de la houffine de faire fon office. Il ne faut jamais auffi que le Chevalier foit fans plume : les juppes, roupilles, ou collets, ont meilleure grace à cheval que les pourpoints : comme auffi les fraifes plus que les rabats. Pour les chauffes il n'y en a point de plus commodes ny de plus propres que celles à bandes fans boürelet, pourveu qu'elles ne foient pas trop longues, afin que la cuiffe du chevalier fe voye, & qu'elle fe trouve jufte dans la felle, pour facilement faire fentir les aydes à fon cheval. Il faut les bas d'attache, & les bas à botter qui ne foient trop larges deffus; les bottes doivent eftre de cuir aifé & molet, foit vache deliée ou fort marroquin : les genoüillieres un peu longues, affez eftroittes, & que la place du genoüil y foit aifée. Que la coufture qui les fepare d'avec la jambe, foit à droit fil, mais plus haute derriere de trois doigts que par devant, parce que la greve de la jambe en paroiftra plus longue & plus belle : il ne faut pas que la tige foit courte, afin qu'elle

pliffe

pliffe un peu par le bas : il eſt beſoin que le pied ſoit carré ou large par le bout , d'autant qu'outre la commodité ,
il a meilleure grace , rempliſſant mieux l'eſtrier , lequel
s'en portera plus juſte.　Quant aux eſperons , les mieux
tournez ſont ceux que l'on appelle à la Dampville , de l'invention de feu Monſieur le Conneſtable.　Je n'approuve
point les grandes molettes , mais celles qui ont ſix pointes rondes & poinĉtuës en forme de quille , chacune
d'un travers de doigt de long.　Et pour dire en un mot ,
(S I R E) je deſirerois que mon Eſcolier fuſt veſtu de
meſme façon que Monſieur de Belle-garde voſtre grand
Eſcuyer, que voilà pres de V. M. qui ſert en voſtre Cour
de miroir & de vertueux modele à pied & à cheval, à tous
les plus propres & curieux chevaliers.

LE   ROY.

Venons à l'inſtruĉtion de voſtre Eſcolier.　Que deſirez-
vous premierement de luy ?

PLUVINEL.

Qu'il ſoit bel homme de cheval.

LE   ROY.

Quelle difference faiĉtes-vous d'un bel homme de cheval à un bon homme de cheval ?

PLUVINEL.

Ie la fais tres-grande , (S I R E) car encores qu'il ſoit
bien mal-aiſé d'eſtre bon homme de cheval , ſans eſtre
bel homme à cheval : neantmoins on peut eſtre bel homme à cheval , ſans eſtre bon homme de cheval : d'autant
qu'il ſuffit d'eſtre bien placé ſur le cheval depuis la teſte
juſques aux pieds , pour ſe faire dire bel homme de cheval , & celuy qu'on aura veu en ceſte poſture cheminant
　　　　　　　　　　　　　　　　　　　　　　　ſeule-

feulement au pas ; fe pourra dire beau ; & s'il a affez de
fermeffe pour fouffrir un plus rude maniment en gardant
fa belle pofture , il acquerra tousjours reputation de bel
homme de cheval , quand mefmes le cheval ne feroit rien
qui vaille , quoy que bien dreffé : Car fi l'homme garde
tousjours fa bonne pofture , on accufera pluftoft fon cheval que luy , & n'y aura que les tres-fçavants qui recon-
noiftront d'où vient la faute ; d'autant que la pluspart ne
peuvent pas s'imaginer qu'un homme puiffe eftre ferme ,
& en bonne pofture , fans eftre bon homme de cheval.
Comme auffi pour bien faire & acquerir la perfeƐtion de
la fcience,il faut commencer,continuer,& finir par la bonne pofture du Chevalier : pource qu'il y a bien plus de
plaifir de voir un bel homme de cheval ignorant en la
fcience, qu'un tres-fçavant de mauvaife grace. Mais pour
eftre parfaiƐtement bon homme à cheval , il faut fçavoir
par pratique & par raifon,la maniere de dreffer toutes fortes de chevaux à toutes fortes d'airs & de maneges ; connoiftre leurs forces , leurs inclinations , leurs habitudes ,
leurs perfeƐtions & imperfeƐtions , & leur nature entierement ; fur tout cela faire agir le jugement, pour fçavoir
à quoy le cheval peut eftre propre , afin de n'entreprendre fur luy que ce qu'il pourra executer de bonne grace :
& ayant cette cognoiffance , commencer, continuer , &
achever le cheval avec la patience , & la refolution, la
douceur , & la force requife , pour arriver à la fin où le
bon homme de cheval doit afpirer ; lefquelles qualitez fe
rencontrant en un homme , on le pourra veritablement
eftimer bon homme de cheval.

LE ROY.

Avant que de m'enquerir des moyens en particulier ,
pour rendre le bon homme de cheval , je defire que
vous me faciez entendre comme quoy il faut eftre
placé

placé pour acquerir cette qualité de bel homme de cheval?

P L U V I N E L.

S I R E, en vous difcourant fur ce faict, je croy eftre
à propos de vous en monftrer la preuve, que je ne puis
prendre fur un fuject plus digne que celuy de Monfieur
le Marquis de Termes, que j'ofe affeurer à V. M. avoir
toutes les parties requifes au bel & bon homme de cheval, lefquelles (S I R E) je feray bien aife que vous puiffiez
imiter, eftant celuy de tous ceux que je cognoiffe, qui
outre la perfection qu'il a acquife, eft le plus poly en
l'exercice dont je parle. Le voicy donc approcher à cheval, tout à propos, de voftre Majefté.   *Figu-*
                                                          re 2.

L E   R O Y.

Monfieur de Termes, arreftez-vous un peu devant
moy, afin que Monfieur de Pluvinel me face remarquer
fur vous les belles & bonnes poftures qu'il faut avoir en
la fcience que je defire apprendre.

MONSIEUR DE TERMES.

S I R E, ce m'eft un grand honneur & bonheur tout
enfemble, de m'eftre fi heureufement trouvé le premier
en l'eftat où je fuis, pour faire voir à V. M. ce qu'elle defire, & ce que Monfieur de Pluvinel a pris tant de foin de
m'enfeigner.

P L U V I N E L.

S I R E, le bon & excellent efprit que j'ay rencontré
en Monfieur de Termes, l'a rendu tel, que je l'ay affeuré à
V. M. & en fi peu de temps qu'il feroit prefque incroya-
ble. Car je la puis affeurer qu'en moins de deux ans il
a acquis toute la perfection qui fe peut en cet art. Vous

C   remar-

remarquerez donc, Sire, s'il vous plaiſt, quelle eſt ſa poſture, depuis la teſte juſques aux pieds, regardant comme quoy il tient les reſnes de la main gauche, le pouce deſſus, & le petit doigt par deſſous entre les deux, pour les ſeparer. Comme de la main droicte il leve le bout des reſnes en haut à bras deſployé, pour bien adjuſter la bride dans la main, en ſorte qu'elle ne ſoit ny trop longue, ny trop courte. Voyez en apres, comme il ſerre la main de la bride, & la remet en ſa place, qui eſt environ trois doigts au deſſus du pommeau de la ſelle bien faicte : 'Conſiderez la gayeté de ſon viſage, car c'eſt une des parties tres-requiſe au Chevalier, d'avoir la face riante, en regardant quelquesfois la compagnie, ſans la gueres tourner ny çà ny là, afin que cette gayeté face connoiſtre qu'il n'eſt point embaraſſé en ce qu'il faict. Adviſez auſſi de quelle ſorte il eſt dans le fonds de ſa ſelle, ſans preſque en toucher que le milieu, ſe gardant de rencontrer l'arçon de derriere, de peur d'eſtre aſſis ; car il faut eſtre droict, comme vous le voyez, de meſmes que quand il eſt ſur les pieds. Jugez comme ſes deux eſpaules ſont juſtes, & ſon eſtomach avancé, avec un petit creux au dos prés de la ceinture. Iettez l'œil ſur ſes deux coudes, eſgalement & ſans contrainte un peu eſloignés du corps, & ſon poing droit foit proche du gauche d'environ quatre ou cinq doigts, duquel il tient la houſſine par le manche tout caché dedans, & la pointe droite vers le Ciel, un peu panchée vers l'oreille gauche du cheval : regardez les poſtures de ſes jambes advancées, & le bout de ſon pied s'appuyer fermement ſur l'eſtrier proche de l'eſpaule, le talon aſſez bas & tourné en dehors, en ſorte qu'on peut voir la ſemelle de ſes bottes : car il y a deux choſes à ſçavoir, que ceux qui tiennent la bride de la main gauche comme nous, ne peuvent faire par trop. L'une eſt de pouſſer l'eſpaule droite en avant, & l'autre

de

de baisser & tourner les talons en dehors, afin d'esloigner
du ventre du cheval la molette des esperons, de crainte
que venant à se remüer avec vigueur, il ne s'en piquast ;
qui est ce que l'on nomme desrober les esperons : laquelle chose arrivant (outre la mauvaise grace qui se recon-
noistroit au Chevalier) il s'en ensuivroit asseurément du
desordre. Voyez en outre ses genoüils serrez de toute
sa force ; & que vostre Majesté retienne (s'il luy plaist)
que nous n'avons point d'autre tenuë, ny n'en devons
esperer que celle là, accompagnée du contrepoids du
corps, selon la necessité qui se rencontre. Voilà (S I R E)
la posture que je desire à mon escolier, pour estre estimé
bel homme de cheval, laquelle je veux qu'il ne change
jamais pour quelque chose que face son cheval, si ce n'est
quand il manie, pource qu'il est necessaire de changer à
temps toutes les aydes de la main de la bride, & de la
houssine. Que vostre Majesté (s'il luy plaist) en voye
la preuve, & comme tournant à main droite, il tourne
les ongles du poing de la bride en haut, laisse tomber la
houssine de travers sur le col du cheval, pour (s'il est be-
soing) l'en frapper sur l'espaule gauche, afin de le faire
relever du devant, s'il se rend paresseux, sans toutesfois hausser le coude, ny mettre le poing hors de sa place. Regardez aussi à main gauche, comme quoy il
tient le poing de la bride fort droit, le tirant un peu du
mesme costé, luy presentant la houssine de l'autre aupres de l'œil droit, pour luy faire recognoistre qu'il
doit changer de main : & si cela ne suffit, (comme
vostre Majesté le void) qu'elle considere la forte qu'il
l'a frappé sur l'espaule droicte, & au ventre soubs la botte d'un coup ou deux seulement, & comme parmy
tout cela, il a tenu ses estrieux d'une longueur si proportionnée, que vostre Majesté l'a tousiours veu appuyé sur
le milieu de la selle, en sorte que le cheval ne l'a nullement

ment incommodé en maniant, ny fait fortir de fa bonne posture.

LE ROY.

Ie comprens fort bien ce que vous venez de dire, mais je desire sçavoir distinctement l'ordre que vous tenez pour bien dresser les hommes à avoir la bonne grace que je voy en vous & en vos escoliers, & ce que vous faictes pour rendre vos chevaux adroicts à manier, avec cette grande facilité que je recognois estre en tous ceux qui font dressez en vostre escole.

PLUVINEL.

SIRE, encor qu'il ne soit pas impossible de dresser un homme, & un cheval tout ensemble, quoy qu'ils soient tous deux ignorans : neantmoins à cause qu'il y a plus de difficulté, s'il m'est possible, je desire dresser l'homme le premier ; & pour vous en dire la raison, c'est que la science de la Cavalerie n'ayant pas tousjours esté en la perfection qu'elle est, il estoit fort aisé aux hommes au commencement de mener leurs chevaux, par ce que nos premiers Peres ne s'en servoient qu'à aller au pas, au trot, & à courir sans selle & sans bride autre que quelque cordon ou filet dans la bouche, comme encor font presque toutes les nations barbares ; en apres ceux qui ont passé un peu plus outre, les ont fait tourner au galop, & de toute leur force, fort large, & sans y observer aucune justesse à eux ny à leurs chevaux : Mais depuis ces derniers siecles que nous avons trouvé l'invention d'adjuster une selle, & une bride au cheval, pour donner belle & bonne tenuë au Chevalier, & bonne posture au cheval : l'obligeant d'obeyr à l'homme, au pas, au trot, au galop, terre à terre, à courbettes, balotades, groupades, capreolles, & un pas un fault : soit en avant, en arriere, de

re, de cofté, en une place, & fur les voltes : faifant toutes fes actions à tous les temps qu'il plaift au Chevalier,
endurant & fouffrant les aydes, & les chaftimens non
fans inquietude, ny fans tefmoigner du reffentiment, mais
bien fans cholere & fans desordre. I'ay creu que pour
abreger, il eftoit aucunement neceffaire de commencer à
dreffer l'homme, & luy faire fentir tous les mouvemens
du cheval au pas, au trot, au galop, à courre, & à toutes
fortes d'airs : Le jufte & bon appuy de la main, la delica-
teffe des aydes, comme quoy il en faut ufer, & quand il eft
befoin fe fervir des chaftimens: Ayant eftimé que le moyen
de parvenir à toutes ces chofes, avec la fermeté & la bonne pofture que je defire du Chevalier, eftoit de le mettre
premierement fur un cheval dreffé, pour luy donner parfaite cognoiffance de ce que je viens de dire, afin qu'apres
qu'il le fçaura, il puiffe plus facilement juger le bien & le
mal, que le cheval ignorant executera fous luy, pour le careffer du bien, & le chaftier du mal; ce que tres-difficile-
ment il pourroit par autre voye: car le cheval ignorant faifant quelque desordre par cholere, ou autrement, mettroit
fort fouvent l'homme peu fçavant (qui feroit deffus) au hazard de fe bleffer, ou à tout le moins en l'incommodant,
prendroit de tres-mauvaifes habitudes. Voilà pourquoy
(S I R E) je voudrois commencer à dreffer l'homme le
premier, tant pour efviter aux perils qu'il pourroit en-
courir, le mettant d'abord fur un jeune cheval, que pour
empefcher les mauvaifes leçons que le cheval recevroit
fous luy : Car c'eft une maxime generale, qu'il ne faut jamais, s'il eft poffible, aux exercices de plaifir hazarder la
vie des hommes, ny leur laiffer prendre de mauvaifes habitudes. C'eft pourquoy en celuy qui s'agift, il eft presque impoffible d'empefcher que l'homme & le cheval tous deux enfemble, s'ils font ignorans, ne retien-
nent de mauvaifes couftumes : Et que l'homme fou-

vent

vent ne foit en peril, fi ce n'eft que la longue experience,
joincte au bon jugement, & prudence de celuy qui le re-
garde, l'en empefche.

LE ROY.

J'approuve fort les raifons que vous me donnez, de vouloir dreffer l'homme le premier, & de faire en forte que
le cheval bien dreffé luy apprenne tout ce qu'il eft befoin,
qu'il enfeigne à celuy qui ne l'eft pas : Mais commençons un peu à voir la methode que vous tenez, quand
vous avez un homme affez fçavant pour travailler devant
vous, & executer ce que vous luy dictez, pour faire venir un cheval à toutes ces jufteffes, fans que vous ayez
la peine de me dire comme quoy vous avez inftruict vô-
tre efcolier fur les chevaux dreffez, pour le rendre au
poinct d'executer toutes les leçons que vous luy dicterez
fur ceux qui ne le feront. Pour ce qu'en la fuitte de voftre
difcours jufques en la fin des dernieres jufteffes, je ver-
ray en l'homme & au cheval tout ce que je defire.

MONSIEVR LE GRAND.

SIRE, je cognoy bien que Monfieur de Pluvinel
vous a dit vray, que le cheval ignorant eft bien pluftoft
dreffé foubs un homme fçavant, que foubs un qui ne fçait
rien du tout ou fort peu. Neantmoins depuis que je le con-
nois, je luy ay veu fouvent pratiquer le contraire, en
ce que les plus fafcheux chevaux de toutes fortes de na-
tures, ce font des plus jeunes Pages de voftre Majefté,
de treize ou quatorze ans, ou de fes efcoliers de pareil
aage, aufquels il les fait travailler fans apprehender qu'il en
arrive d'accident : encores que ce foient des Gentils-
hommes des meilleures Maifons de voftre Royaume, defquels la vie luy eft trop chere pour la hazarder impru-
demment. C'eft pourquoy (SIRE) je remarque en
cela

cela l'excellence de fa methode. Car il eft tout vray, que qui mettra un enfant fans aucun ufage fur un cheval ignorant, fafcheux, & plein de fantafie, pour le travailler par les voyes que tout le monde praticque, il feroit en peril de n'en defcendre pas en vie. Ce qui me fait dire eftre tres à propos que Monfieur de Pluvinel luy declare comme quoy cela fe peut.

P L U V I N E L.

SIRE, Monfieur le Grand a raifon de vous dire, que je ne fais point de difficulté de mettre de jeunes enfans fur les plus fafcheux chevaux que je cognoiffe, & les plus ignorans ; encore qu'il foit bien vray que les plus fçavans efcoliers n'y font pas trop bons pour parfaitement venir à la fin de ce qu'on defire : neantmoins je ne le fay pas fans confideration, & fans qu'il en arrive du profit à l'homme & au cheval : Mais pourtant cela ne fe doit entreprendre fans avoir parfaicte cognoiffance de la portée de l'un & de l'autre, & fans fçavoir ce que l'homme peut fouffrir fans incommodité, & prevoir ce que le cheval doit faire ; afin que fi c'eft plus que la portée du Chevalier, éviter par le moyen de cette cognoiffance les accidents qui en pourroient advenir.

L E R O Y.

Ce font chofes bien difficiles que ces prevoyances & ces cognoiffances, lefquelles je voudrois bien que vous me donnaffiez à entendre quelles elles font.

MONSIEVR LE GRAND.

SIRE, Je vous diray que j'ay appris de Monfieur de Pluvinel fur ce fujeçt, que pour bien cognoiftre la portée & le naturel du jeune efcolier, il faut le regarder pour juger quelque chofe par fa phyfionomie, l'ouyr parler

ler pour voir quel eſt ſon eſprit , & le mettre ſur un
cheval duquel on ſoit aſſeuré pour cognoiſtre ſa force ,
& ſa fermeſſe naturelle. De meſme il faut regarder le
cheval fixement dans les yeux , pour juger de ſon naturel , & de ſon inclination : le faire remuer doucement ,
vigoureuſement , & meſmes rudément : pour ſonder ſa
force , ſa colere s'il en a , de quelle ſorte il l'exerce ,
quelles ſont ſes deffences , les actions qu'il fait aupara-
avant d'entrer en colere ; celles qu'il fait durant qu'elle
dure , & celles qu'il demonſtre quand il revient à ſoy ;
afin qu'ayant cognoiſſance de ces choſes , il puiſſe ap-
parier l'homme & le cheval ; de ſorte qu'il n'en reüſſiſſe
que du bien.   Et remarquera voſtre Majeſté , que pour
atteindre à cette perfection , il convient que celuy qui
enſeigne, & qui veut prattiquer cette methode, ſoit plein
de patience & de reſolution, tout enſemble : Deux choſes que Monſieur de Pluvinel vous pourra dire en deux
mots.

PLUVINEL.

SIRE , Monſieur le Grand vous a tres-bien fait connoiſtre pourquoy ſans peril je fais quelquesfois travailler toutes ſortes de chevaux, quelques faſcheux qu'ils
ſoient, aux plus jeunes de mes eſcoliers ; & a encore tres-
bien dit qu'il faut que celuy qui enſeigne, ſoit tres-patient
& tres-reſolu : mais il faut prendre garde comme quoy on
pratique ces deux choſes ; car ſi un homme ſouffre quantité d'extravagances , & de desordres à ſon cheval ; ſans
raiſon, (pource qu'il en faut quelquesfois ſouffrir avec jugement) & ſans qu'il le chaſtie , celuy-là ſe doit veritablement nommer ignorant, & non pas patient ; comme auſſi
celuy qui bat ſon cheval ſans neceſſité, & lors qu'il n'a be-
ſoing que des aydes, qui le tourmente des eſperons , de
la gaule, de la bride , du caveſſon , au moindre petit manquement

quement qu'il fait, sans chercher autre invention pour le
ramener, quand il commet ces legeres fautes, pour le chastier, quand il execute les grandes. Je nomme aussi tres-
asseurement celuy-là colere, ignorant, & non pas resolu;
Car la resolution c'est proprement de chastier, de battre,
& de tourmenter le cheval quand il est temps, & non autrement, comme j'espere faire voir à vostre Majesté en la
suite de ce discours.

LE ROY.

Ie suis bien aise que vous m'ayez fait entendre ces
raisons auparavant que d'en venir à la pratique : Mais
je croy qu'il n'est point mal à propos que vous me don-
niez à cognoistre quels chevaux sont les plus propres
pour bien servir soit en guerre, soit sur la Carriere; &
quelles qualitez il faut qu'ils ayent, afin que parmy le
grand nombre, je puisse de moy-mesme juger des meilleurs, ne voulant rien ignorer de ce que je pourray apprendre.

PLUVINEL.

SIRE, plusieurs Provinces nous donnent des chevaux : ceux que nous avons le plus communement, vien-
nent d'Italie, où la plus part des races à present sont per-
duës & abastardies : tellement qu'il ne nous en arrive
plus de si bons. D'Espagne nous en avons rarement, encor ceux qui nous passent, ne sont pas les meilleurs. De
Turquie, il nous en vient si peu que nous n'en devons
pas faire cas, quoy qu'ils soient tres-excellens, & plus
que ceux que j'ay nommez. Les Barbes nous sont plus
communs, ordinairement bons, & tous propres à faire
quelque chose. L'Alemagne, la Flandre, & l'Angle-
terre nous en donnent aussi; mais pour moy, je trouve
(SIRE,) que ceux qui naissent en vostre Royaume sont

E   aussi

auſſi bons, ou meilleurs, qu'aucuns de ceux qui nous vien-
nent de toutes ces nations eſtrangeres : car j'en ay veu de
Gaſcongne, d'Auvergne, de Limoſin, de Poiĉtou, de Nor-
mandie, de Bretagne, & de Bourgongne de tres-excel-
lents. Et ſi les Princes, & la Nobleſſe de voſtre Royaume eſtoient curieux de faire race de chevaux, il n'y a lieu
au monde où il y en euſt de ſi bons ; car j'ay remarqué
que ceux qui y naiſſent ont toutes les excellentes qualitez requiſes au beau & bon cheval. Et pour moy, je ne
m'enquiers point de quels pays ils ſoient, quand je les
voy avoir bonne taille, beaux pieds, & belles jambes,
avec de la force, de la legereté, & d'une bonne & douce
nature ; neantmoins je fais grand eſtat des Barbes pour la
Carriere, & pour la grande inclination qu'ils ont à bien
manier avec une dexterité, & une grace plus particuliere
que les autres, teſmoing (SIRE) le Barbe bay que
Figu- n 3. voilà, lequel Monſieur le Grand a donné à voſtre Majeſté, le parangon certes de tous les chevaux de Maneige
du monde, tant pour ſa beauté, que pour ſon excellence, à manier parfaiĉtement, & de bonne grace, terre à
terre, & à courbettes, avec tant de juſteſſe, & d'agilité,
que ce n'eſt pas ſans cauſe qu'il s'appelle le Bonnite.

MONSIEUR LE GRAND.

SIRE, Monſieur de Pluvinel a raiſon de vous monſtrer ce cheval pour un chef-d'œuvre : car il eſt vray que
feu Monſieur de la Broüe, tres-excellent en l'exercice
de la Cavallerie, apres l'avoir fait long-temps travailler, &
fait voir à feu Monſieur le Conneſtable, ils le jugerent
tous deux incapable de pouvoir jamais bien manier à
courbettes, à cauſe de ſon impatience, de ſa teſte mal-
aſſeurée, ayant les gencives, & la barbe où repoſe la
groumette, ſi tendre, qu'il ne pouvoit ſouffrir qu'à grande
peine ny emboucheure ny groumette, & ſi ſenſible de
tous

tous coſtez, qu'il n'y avoit nul moyen de branler tant
ſoit peu deſſus, qu'il ne ſe miſt en desordre : neantmoins
quelque jugement qu'en fiſſent ces excellens hommes,
Monſieur de Pluvinel m'aſſeura de le rendre à la perfection où un cheval pouvoit atteindre. Cela m'obligea
(ayant tant de fois veu des preuves de ſa ſuffiſance) de
luy abandonner mon cheval pour le dreſſer & manier
du tout à ſa volonté, à quoy il travailla, de ſorte que par
ſa patience & ſon induſtrie, il luy gaigna la teſte, & luy
donna le parfait appuy à la main, en luy faiſant porter
à diverſes fois pluſieurs ſortes de groumettes. La premiere d'un bien petit ruban de ſoye, l'autre d'une treſſe
de ſoye, l'autre de chevrotin, l'autre de marroquin, l'autre de groſſe vache, l'autre de fer en forme de jazeran,
& la derniere qu'il porte maintenant en ſervant voſtre
Majeſté ; elle la peut voir ſemblable à celles que portent
d'ordinaire tous les autres chevaux. Peu de jours apres
il me le monſtra à Fontainebleau, où il le fit manier à
courbettes par le droit, apres deux voltes à main droite,
deux voltes à main gauche, & deux voltes à main droite,
toutes ſix d'une halaine, ſans ſortir d'un rond à peu pres
de la longueur du cheval, & puis il le fit manier en avant,
en arriere, de coſté, deçà, & de là, & à une place : en faiſant une courbette de coſté, & changeant tout en l'air, re-
tomboit de l'autre coſté, tant de fois qu'il plaiſoit au Chevalier. Je nommay tout à l'heure ce Maneige la Saraban-
de du Bonnite, que nous n'avons jamais veu faire qu'à
luy, quand Monſieur de Pluvinel eſtoit deſſus. Et pour
concluſion, il luy fit faire les excellentes paſſades relevées,
avec la grace & la beauté du cheval en toutes ces actions,
& tout cela en preſence de Monſieur le Conneſtable,
qui fut en extreme admiration de voir (contre le jugement qu'il en avoit donné) une ſi grande & juſte obeyſſance en tous ces Maneiges.

LE

LE ROY.

Les rares qualitez que vous me dites de ce cheval, me mettent en impatience de fçavoir par le menu la voye & l'ordre que Monfieur de Pluvinel tient pour bien dreffer les chevaux, & les rendre adroicts à manier avec cette grande facilité que je recognoy eftre en tous ceux qui font dreffez en fon efcole. C'eft pourquoy demandons ce qu'il luy en femble.

PLVVINEL.

SIRE, fçachant par la pratique, & par le long ufage, que le cheval ne fe peut dire dreffé, qu'il ne foit parfaictement obeyffant à la main & aux deux tallons ; je n'ay pour but, pour reduire mes chevaux à la raifon, que ces deux chofes ; d'autant qu'il eft tres-certain que tout cheval qui fe laiffe conduire par la bride, qui fe renge deçà, & delà, & fe releve devant & derriere, à la volonté du Chevalier, je l'eftime tres-bien dreffé : & doit manier jufte, felon fa force & vigueur. Or pour arriver à gaigner ces deux poincts, j'ay creu par ma methode, en avoir abregé les moyens de plus de la moitié du temps: mais pour autant que la perfection d'un art confifte à fçavoir par où il faut commencer, je me fuis tres-bien trouvé en ceftuy-cy, de donner les premieres leçons au cheval, parce qu'il treuve le plus difficile, en recherchant la maniere de luy travailler la cervelle, plus que les reins & les jambes, en prenant garde de ne l'ennuyer, fi faire fe peut, & d'eftoufer fa gentilleffe ; car elle eft aux chevaux comme la fleur fur les fruicts, laquelle oftée ne retourne jamais ; de mefme fi la gentilleffe eft perduë, on ne la peut redonner que difficilement aux chevaux de legere taille & pleins de feu, & point du tout aux chevaux d'Allemagne : eftant une chofe infaillible

lible

lible que celuy qui ne travaille avec confideration , ou il
ofte la gentilleſſe à ſon cheval , ou le fait tomber dans des
vices incorrigibles. Sçachant donc que ſa plus grande
difficulté eſt de tourner pour faire de bonnes voltes terre à terre ; je commence le cheval ignorant par là , &
apres luy avoir mis un filet dans la bouche , pour luy apprendre peu à peu à ſouffrir le mors , & un caveſſon de
corde , de mon invention , comme celuy (S I R E ,) que *Figu-*
vous voyez à ce cheval ; j'attache les deux cordes juſtes, *re 4.*
que je fais tenir à un homme , puis un autre (ayant en la
main un baſton où eſt attachée une longue courroye de
cuir, que j'ay nommé chambriere) marche à coſté , & luy
faiſant peur l'oblige d'aller en avant , & tourner de la longueur des cordes avec la croupe dehors du rond : tellement que par cette voye la teſte eſt touſjours dedans la
volte , & le cheval obligé de regarder le milieu , s'accou-
ſtumant à une tres-bonne habitude , qui eſt de regarder
ſa piſte , & par ce moyen de ne ſe rendre jamais entier.

MONSIEUR LE GRAND.

S I R E , Monſieur de Pluvinel vous dit vray , que la
plus grande difficulté qu'ayent les chevaux, eſt de tourner;
car ſouvent j'ay pris plaiſir à faire eſchapper dans la carriere de voſtre grande Eſcurie , de jeunes chevaux ſans
ſelle & ſans bride , qui en s'egayans partoient de la main ,
& arreſtant ſur les hanches prenoient un quart de volte
ou une demie , mais jamais le tour entier. Quelques
fois auſſi ils faiſoient pour leur plaiſir deux ou trois
courbettes par le droict , les autres plus legers & vigoureux , trouſſoient autant de capreolles ou balottades ;
qui m'oblige à croire que chaſques chevaux ont naturellement un air particulier , où ils peuvent mieux reüſ-
fir , & que la plus grande difficulté qu'ils ayent c'eſt de
tourner.

F   P L U-

PLVVINEL.

SIRE, ce que Monſieur le Grand vous vient de raconter, eſt la raiſon pourquoy je commence mes chevaux,
par ce qu'ils trouvent le plus difficile qui eſt de tourner,
& de les mettre autour d'un pillier, comme je viens
de dire à voſtre Majeſté, afin qu'en les y faiſant cheminer au pas deux ou trois jours ſans les battre, puis dix
ou douze au trot, le cheval nous monſtre quelle eſt ſa
nature, ſa force, ſon inclination, ſa gentilleſſe, & tout
ce qui peut eſtre en luy ; afin de juger à quoy il ſera propre, & de quelle ſorte il le faut conduire : ce qui ſe fait
bien plus facilement à un lieu où il eſt retenu, en ſorte
qu'il ne puiſſe eſchapper : pour ce qu'on a loiſir de voir
mieux tous ſes mouvemens, que s'il eſtoit ſur ſa foy
avec un homme ſur luy ; d'autant qu'à ces premiers com-
mencemens le naturel du cheval eſt d'employer toute ſa
force, & ſon induſtrie, pour ſe deffendre de l'homme
quand ils ont le pouvoir ſans grande difficulté : comme il
luy eſt tres-aiſé en le travaillant par une autre methode
que la mienne : durant le temps qu'il va au pas & au trot, il
faut prendre garde de ne le preſſer pas juſques à ce qu'il
chemine & trotte facilement, & qu'il s'accouſtume à de-
baraſſer ſes jambes, de crainte qu'en le preſſant, le pied
de devant du dedans de la volte, ne choque l'autre jambe, & que la douleur qui ſe feroit, l'obligeaſt de chercher
une deffence contre le mal qu'il ſentiroit, & l'empeſchaſt
d'obeyr. Mais lors qu'il va librement au pas & au trot,
(ce qui ſe teſmoigne par le libre marcher & par la gayeté,
ne faiſant plus cette action avec peine) on pourra l'animer
ou par la peur, ou par un coup de chambriere, à prendre le galop, auquel eſtant aſſeuré, luy faudra donner plus
de fougue pour l'obliger, en ſe mettant ſur les hanches de
manier ſeul, & faire quelque temps terre à terre : toutes
leſ-

lefquelles chofes , le fage & difcret Chevalier mefnagera felon la cognoiffance qu'il aura de fon cheval , luy confeillant neantmoins de pratiquer cette leçon , pluftoft à main droite , qu'à main gauche , m'eftant toufiours apperceu que la plus grand' part des chevaux , & prefque tous , ont plus d'inclination à tourner à main gauche qu'à main droite.

LE ROY.

N'y a-il point de raifon pourquoy ils font portez à tourner plus volontiers à main gauche?

PLUVINEL.

SIRE , il y a quelques uns qui en ont voulu chercher la caufe avant la naiffance du cheval , & affeurent que le poullain eftant dans le ventre de fa mere , eft tout plié du cofté gauche : d'autres ont dit , qu'ordinairement les chevaux fe couchent le plus fouvent fur le cofté droit , qui les oblige de plier le col & la tefte à main gauche. Mais moy , qui ne recherche point toute cette Philofophie invifible , & qui m'arrefte à ce que je voy apparemment , je ne croy ny aux uns ny aux autres : & puis affeurer à voftre Majefté , que la feule couftume leur produit cette mauvaife habitude , laquelle ils prennent dés qu'ils font hors d'aupres de leur mere , & attachez dans l'Efcurie. Premierement le licol , le filet , la bride , la felle , & les fangles fe mettent du cofté gauche. Jamais , ou rarement , le Palfrenier ne commence à penfer fon cheval , ny ne luy donne à manger que de mefme cofté. Et toutes fortes de valets foit Palfreniers ou autres (s'ils ne font gauchers) conduifent toufiours un cheval de la main droiéte , & par ce moyen luy tirent la tefte à main gauche.

LE

LE ROY.

Je comprens fort bien, & juge que vous ayez raifon de commencer vos chevaux fur les voltes à main droiĉte, quoy que le plus difficile ; mais d'autant que vous ne voulez pas qu'on batte le cheval à ce commencement, vous prefuppofez par là que toutes fortes de chevaux doivent obeyr facilement : & fi par hazard le contraire advenoit, (car il y en a de diverfe nature, bonne ou mauvaife) comme quoy il en faudroit ufer ?

PLUVINEL.

Figu-
re 5. SIRE, quand j'ay dit qu'il fe falloit garder de battre le cheval à ce commencement pour les raifons que j'ay declarées, j'ay dit fi faire fe peut. mais je paffe outre & affeure qu'il ne faut nullement battre au commencement, au milieu ny à la fin, (s'il eft poffible de s'en empefcher) eftant bien plus neceffaire de le dreffer par la douceur (s'il y a moyen) que par la rigueur, en ce que le cheval qui manie par plaifir, va bien de meilleure grace que celuy qui eft contraint par la force. D'avantage en le forçant il en arrive le plus fouvent des accidens à l'homme & au cheval ; à l'homme, en ce qu'il court fortune de fe bleffer, fi la force dont il ufe n'eft conduitte avec grand jugement. Et au cheval, qui en courant la mefme rifque, eftouffe fa gentilleffe, s'ufe les pieds & les jambes, fe rendant par là incapable de bien fervir. Mais d'autant que les François ne font pas de l'humeur des autres nations, en ce que leurs chevaux de quelque nature qu'ils foient, bien que fans force, fans addreffe & fans gentilleffe, ils veulent, fans confiderer ces chofes, les faire dreffer. I'ay creu avant que paffer outre devoir dire à voftre Majefté, un petit mot de la nature des chevaux en particulier. Premierement il eft tout certain que j'ay remarqué par

les

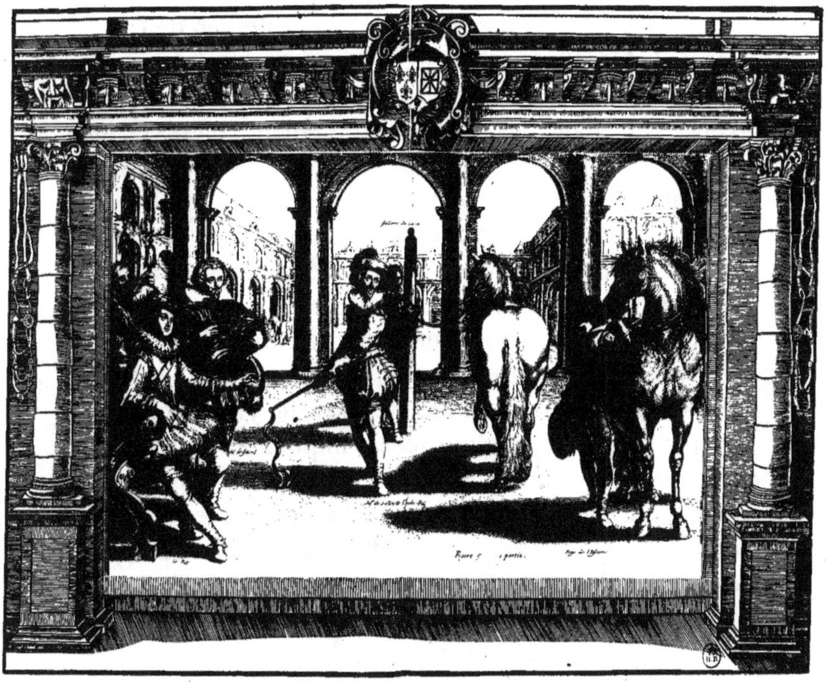
partie.

les lieux où j'ay esté hors ce Royaume , mefmement en
Italie , où on a tousjours fait grande profeffion de l'exercice de la Cavallerie, qu'ils n'entreprennent point un cheval , qu'il n'aye toutes les qualitez neceffaires pour bien
manier ; & fi on leur en meine qui foient coleres & impatiens, mefchans, lafches, pareffeux, de mauvaife bouche
& pefante , infailliblement quelques beaux qu'ils puiffent eftre , ils ne les entreprennent point , au contraire
ils les envoyent au caroffe. Ce que les François ne trou-
veroient nullement bon , & accuferoient d'ignorance les
Efcuyers qui renvoyeroient leurs chevaux de la forte.
C'eft l'occafion (S I R E) qui m'a fait plus foigneufement rechercher la methode de laquelle j'ufe , pour ce
que par autre voye il me feroit impoffible de reduire
quantité de chevaux que l'on m'ameine , dont la plus part
ont les mauvaifes qualitez cy-deffus. Qui me fait dire
fans vanité ny prefomption , que fi je n'euffe recognu
mes reigles plus certaines, & beaucoup plus briefves que
toutes les autres que j'avois apprifes , je n'aurois pas
quitté la plus grande partie de celles du Seigneur Iean
Baptifte Pignatel , Gentilhomme Neapolitain , le plus
excellent homme de cheval qui ait jamais efté de noftre
fiecle , ny auparavant, duquel j'ay appris une partie de ce
que je fçay durant le temps de fix années, que j'ay paffées
aupres de luy. Et pour ce que je n'ay jamais eu faute que
de temps , j'ay travaillé à l'abreger tant qu'il m'a efté poffible , pour dreffer les hommes & les chevaux, à quoy j'ay
reüffi fi heureufement , que je puis faire voir que mes
reigles font des plus briefves , & fi certaines qu'elles font
infaillibles. Ce n'eft pas que je reprouve les autres , par
lefquelles les bons & les rares Efcuyers apprennent à
leurs chevaux à bien manier jufte : mais j'eftime celles
defquelles je me fers, eftre telles que je les viens de dire ,
& de plus, moins perilleufes. Si donc quelque cheval re-

G   fufe

fufe d'obeyr, il faut que le prudent Chevalier confidere
ce qui l'en empefche.   Si le cheval eft impatient, me-
fchant & cholere, il fe faut donner garde de le battre
(quelque mefchanceté & deffence qu'il faffe) pourveu
qu'il aille en avant : pource qu'eftant retenu de court,
cette fubjeftion chaftie affez fa cervelle, (ce qui eft plus
neceffaire à travailler à tels chevaux & à tous autres, que
les reins & les jambes) & les cordes du caveffon, durant ces efchappades, luy donnent le chaftiment à propos, & au mefme temps qu'il fe met en effort de s'ef-
chapper, tellement que par cette voye, il faut qu'il demeure dans fa pifte, malgré qu'il en aye : mais fi l'incommodité du caveffon le faifoit arrefter, pour chercher
quelque autre deffence, foit en allant en arriere, ou bien
en fe jettant contre le pilier, alors celuy qui tiendra la
chambriere, luy en fera peur, & luy donnera un coup,
contre lequel s'il fe deffend, il redoublera jufques à ce
que le cheval aille en avant : puis incontinent luy donnera à cognoiftre que fon obeyffance produit les careffes :
& continuant de la forte avec la prudence requife, le
cheval s'appercevra & executera bientoft ce qu'on defire
de luy.   Si le cheval eft pareffeux & lafche, & que fa
pareffe & lafcheté luy faffent refufer d'obeyr, il faut fe
fervir de la chambriere vigoureufement, tantoft de la
peur, tantoft du mal, efpargnant neantmoins les coups
le plus qu'il fera poffible ; pour ce que ce doit eftre le
dernier remede, lequel il ne faut mettre en ufage qu'aux
extremitez des malices noires des chevaux, principalement quand en fe deffendant ils cherchent l'homme pour
luy faire mal.   Si le cheval fe rencontre avoir mauvaife
bouche, ordinairement la deffence s'exerce pluftoft en
avant, & en forçant la main, que non pas en arriere ; tellement que tel cheval ne doit eftre battu, au contraire
retenu & allegery, pour luy donner bon & jufte appuy,

&

& le mettre sur les hanches , afin de luy ôter l'habitude
de s'appuyer sur la bride, & forcer la main ; ce qui se fera
au mesme pilier , en trottant & galoppant doucement
jusques à ce qu'il fasse sa leçon , sans contrainte , & avec
de la legereté. Si le cheval est pesant , & que sa seule
pesanteur empesche l'obeyssance que l'on desire , il est
besoin de le fort allegery, par la continuation de cette leçon , ou par les suivantes ; de crainte que si on le pres-
soit auparavant que de l'avoir allegery du devant , ou appris la commodité d'estre sur les hanches, il se mist sur
les espaules de telle sorte , qu'il fust apres fort difficile de
le relever : mais si parmy la pesanteur il s'y rencontroit
de la malice , il faudroit bien prendre garde de le presser auparavant que de l'avoir allegery, crainte de l'accident susdict , & d'un autre plus facheux , qui est que le
pressant avant que d'estre allegery , il ne manqueroit pas
de se deffendre de sa malice , laquelle n'estant pas secon-
dée de force , ny de legereté, il y auroit hazard que le
cheval estant attaché à terre, à cause de sa pesanteur, cela
l'obligeast, voyant qu'il ne se pourroit deffendre de sa force,
de se jetter contre terre , ou taschant de faire quelques
eslans, n'estant assisté de force ny de legereté , tomber ou
se renverser, ou quelquesfois se coucher.

L E   R O Y.

Vous m'avez fort bien fait entendre le bon effect qu'il
y a de commencer les chevaux par ce qu'ils treuvent le
plus difficile , & le moyen d'y faire obeyr les chevaux de
toutes sortes d'humeurs : c'est pourquoy , Monsieur de
Pluvinel, passons outre.

P L U V I N E L.

S I R E , quand je cognois que le cheval obeyt franchement à ceste premiere leçon, de pas, de trot & de
galop,

galop, & qu'il se presente à manier terre à terre, je tasche
peu à peu à gaigner quelque chose sur sa memoire : car
apres avoir commencé sa leçon autour du pilier, je l'atta-
Fig. 16. che entre deux piliers en la forme que V.M. peut voir,puis
estant derriere,je luy apprends avec le manche de la houf-
sine,ou avec celuy de la chambriere,à fuyr les coups,le faisant marcher de costé tout doucement deçà & delà. Et
d'autant que le cheval se trouve grandement contraint du
cavesson en ce lieu là plus qu'en nul autre, on doit bien
prendre garde de le travailler le plus doucement qu'on
pourra, afin qu'il s'accoustume à souffrir en obeïssant,
& là vaincre sa colere, laquelle le saisit plus volontiers, se
voyant ne pouvoir eschapper, ny aller avant, ny arriere,
ny tourner à gauche, ny à droite ; & où le cheval ne vou-
droit obeyr, (ce qui se trouve en fort peu) on pourra le
ramener autour du pilier, racourcir la corde du cavef-
son, & luy tenant la teste proche du pilier, le faire cheminer des hanches tout doucement avec le manche de la
gaule, comme dit est, ou celuy de la chambriere : car en
cas de refus, il cognoistra bien plustost ce qu'on luy demande au premier lieu où il estoit plus libre, que dans
ceste grande contrainte.

LE ROY.

Je croy que cette leçon estant bien faite, il en peut
reüssir de tres-bons effects.

PLUVINEL.

Tres-excellens, (S I R E) & plus que vostre Majesté
n'estimeroit, en ce qu'en premier lieu le prudent & judicieux Chevalier peut remarquer à quoy son cheval
est capable, de quelle humeur il est, sans faire courre fortune à aucun homme, il luy aura appris à fuyr la houssine & la chambriere à l'entour du pilier, & attaché entre
deux

Figure 4. 1 partie.

deux piliers , à aller pour la peur au pas , au trot, au galop, & quelque temps terre à terre ; à cheminer de costé,
deçà, & delà , & à se donner les chastimens plus à propos
du cavesson,qu'aucun homme ne sçauroit faire en cas qu'il
se voulust transporter hors de sa piste : de plus en continuant ceste leçon , il en reüssit encor trois grands biens :
Le premier , que jamais les chevaux ne sont forts en bouche ; le second , qu'on en voit point de retifs ; & le troisiesme , qu'ils ne peuvent devenir entiers , opiniastres , &
revesches à tourner à main droite & à main gauche , qui
sont les plus grands defauts qui se rencontrent le plus
souvent aux chevaux ignorans.

LE ROY.

Pourquoy ne peuvent-ils estre forts en bouche, retifs ,
ou entiers, si naturellement ils sont enclins à quelqu'un de
ces vices, ou à tous les trois ensemble ?

PLVVINEL.

Pource qu'en tournant , ils sont contraints d'aller en
avant , & en leur monstrant la chambriere devant eux, ils
s'arrestent court quand on veut ; chose toute contraire à
l'entier, qui ne veut pas tourner ; au retif, qui refuse d'aller en avant; & au fort en bouche,qui n'arreste pas quand
il plaist au Chevalier. Et remarquera V. M. s'il luy plaist,
que ces trois effects, si bons & si necessaires, sont infaillibles , si on ne change point ces leçons , jusqu'à ce que le
cheval face cognoistre par sa grande obeyssance, qu'il employe sa force & son haleine deliberément , & sans aucune violence.

LE ROY.

Il semble,à vous ouyr parler,que vous trouviez tant d'utilité pour le cheval autour du pilier seul , & entre les deux

piliers que vous le commencez, continuez, & achevez par ces deux moyens.

PLUVINEL.

Il eſt vray (SIRE) que quiconque ſçaura travailler avec jugement & cognoiſſance parfaicte, de ce qu'il faut entreprendre bien à propos, peut reſoudre & ajuſter la teſte de ſon cheval, & tout le reſte du corps de toutes ſortés d'airs, en pratiquant les leçons ſuſdites, & les ſuivantes, avec patience, induſtrie & jugement.

LE ROY.

En quel temps eſt-ce que vous mettez un homme ſur le cheval, & quand eſt-ce que vous le jugez à propos ?

PLUVINEL.

SIRE, Premierement que mettre perſonne ſur le cheval, je deſire qu'il execute volontairement, & avec facilité les leçons cy-deſſus, avec la ſelle & la bride : ce qu'il peut en quatre ou cinq jours, pourveu que celuy qui le fera travailler, aye bon eſprit, bon jugement, & y procede de bonne ſorte : car il arrive quelquesfois que faute de ces deux pieces-là bien adjuſtées, on gate le plus ſouvent le cheval, & met-on l'homme au hazard : ce que j'évite en ce qu'il m'eſt poſſible ; d'autant qu'en tout exercice, qui ſe fait pour le plaiſir, pour le profit, ou pour les deux enſemble, comme cettuy-cy, il faut bien prendre garde de tomber en ces accidens, pource qu'il n'y a nul plaiſir à voir faire mal à un homme, & point d'utilité de battre ſon cheval, & le rendre inutile à ſervir ſon maiſtre: C'eſt pourquoy je deſire qu'il obeyſſe franchement aux leçons cy-deſſus, ſelon ſa puiſſance, avec la ſelle & la bride ſeulement : & ſi je veux que les eſtriers ſoient abbattus.

LE

Figvre a Gere.

LE ROY.

Pourquoy faictes-vous abattre les estriers, puis que vous ne mettez personne sur le cheval ?

PLUVINEL.

SIRE, je le fais pour deux raisons, & principalement pour les chevaux sensibles, qui en ont tres-grand besoin : la premiere, à fin que les estriers, en battant contre leur ventre, les facent appercevoir qu'ils n'en reçoivent point de mal, & les accoustument de souffrir que quelque chose leur touche. L'autre raison est, que cela leur donne occasion de tenir la queuë ferme plustost que de la remuer ; à quoy il est necessaire de prendre bien garde, d'autant que c'est une des plus desagreables & messeantes actions que le cheval puisse faire en maniant. Comme dont je le voy asseuré à ce que je desire, & ne refuser point l'obeyssance, alors je ne fais point de difficulté de mettre quelque *Figu-*jeune escolier bien leger & ferme, afin que le cheval *re 7.* en reçoive moins d'incommodité ; & que l'homme estant ferme, en cas que le cheval sentant la charge plus grande en se deffendant de son esquine, (comme cela arrive d'ordinaire) qu'il se puisse seurement tenir, & souffrir, sans desordre, la gaillardise, ou la deffence malicieuse du cheval. Et luy ayant fait oster ses esperons, il doit estre adverty de ne remuer dessus en aucune maniere, ne luy faire sentir la bride, d'autant qu'il suffira que le cheval le sente sur luy, & qu'il s'accoustume à le porter volontairement, & que la leçon se continuë comme auparavant par celuy qui tient la chambriere, qui le fera manier, ou par la peur, ou par le mal ; & en continuant de la sorte cinq ou six jours, plus ou moins, le cheval cognoissant que celuy qui est sur luy, ne luy fait ny mal

ny

ny incommodité, il fe laiffera plus facilement approcher par luy & monter.

LE ROY.

I'apperçoy clairement que par la voye que vous fuivez, vous évitez prefque tous les perils qu'il y a pour les hommes & pour les chevaux ; & que deffous un jeune efcolier vous pouvez dreffer un cheval.

PLUVINEL.

SIRE, Ie fuis bien aife que voftre Majefté aye connu cette verité par la preuve, pour ce qu'en ce peu, elle a veu tous les plus grands perils, qui fe puiffent rencontrer dans cét exercice, évitez, en ce que les plus dangereufes leçons pour les hommes, & pour les chevaux, font les premieres aufquelles il leur faut faire venir d'une extremité à l'autre, qui eft de la liberté à l'obeyffance, & à la fubjection de porter la felle, la bride & l'homme : defquelles chofes toutes fortes de chevaux fe deffendent, ou plus ou moins, felon leur nature, leur force & vigueur ; tellement qu'évitant ces premiers mouvements, & les faifant obeyr aux leçons cy-deffus, il n'y a nulle doute, qu'obeyffans en un poinct, ils obeyffent à tout, fi la force leur permet, & fi le Cavalier de bon jugement fe fçait fervir des occafions.

LE ROY.

Iufques icy j'ay veu l'homme immobile fur le cheval, à cefte heure fçachons ce que vous voulez qu'il execute.

PLUVINEL.

SIRE, Lors que je cognoy le cheval accouftumé à porter l'homme, & obeïr fous luy fans fe deffendre ;

je

je mets deffus quelque efcolier plus fçavant, & qui aye
de la pratique à la main & au talon, lequel fans luy toucher des talons, s'accourcira doucement les renes, afin que
peu à peu le cheval fente la main, & qu'il s'accouftume à
s'y laiffer conduire, le caveffon aidant toufiours comme
devant, & fe faifant fuivre par celuy qui tient la chambriere : fi le cheval a tant foit peu de force, il maniera tout
feul, & commencera à prendre l'appuy de la main, & pourra on continuer cefte leçon jufques à ce qu'en maniant, il
fouffre la main, & qu'il s'y laiffe conduire : mais il faut
que celuy qui eft deffus, prenne garde de luy donner cette leçon avec difcretion, & fans l'incommoder de la bride, pour l'en chaftier en aucune façon, mais avec prudence & jugement lafcher ou r'afermir la main, felon le befoin & le point où fera le cheval ; puis felon l'obeyffance
qu'il aura renduë à l'entour du pilier, le renvoyer, ou finir
fa leçon entre deux piliers, le faifant cheminer de cofté, deçà & delà, non pour les talons, defquels il ne fe
faut pas fervir qu'il ne fouffre la bride, & qu'il ne s'y laiffe conduire ; mais du manche de la gaule, ou de la chambriere, comme deffus, fans mettre le cheval en colere, fi
faire fe peut.

LE ROY.

Ie voy bien que cette leçon eft pour faire ce que vous
m'avez dit cy-devant, qui eft que le cheval eft parfaictement dreffé quand il eft dans la main & dans les talons,
& qu'il s'y laiffe conduire aifément à la volonté du Chevalier : mais dites-moy, pourquoy vous commencez
pluftoft à faire obeyr voftre cheval à la main qu'aux talons ?

PLUVINEL.

SIRE, Ie le fais, pource que comme j'ay dit à voftre
I

Majefté,

Majesté, la plus grande difficulté du cheval est de tourner, & la plus grande incommodité de souffrir la bride, car il souffre bien plus volontiers l'homme sur luy, que la bride dans la bouche. C'est pourquoy je suy ma maxime, de commencer tousjours par les choses les plus difficiles, & les plus necessaires. Or est-il que la bride estant celle qui retient le cheval, qui le conduit à la volonté du Chevalier, & sans laquelle on ne s'en pourroit servir : je commence par luy faire souffrir, & obeyr à la main. Car pourveu que le cheval, qui naturellement va en avant, s'arreste, & tourne sans autre justesse, le Chevalier s'en peut servir à son besoin, & n'y a point de gens-d'armes ny de chevaux legers dans vostre Royaume, qui ne taschent d'accoustumer leur cheval à tourner & arrester pour la bride : autrement il leur seroit inutile pour servir vostre Majesté.

LE ROY.

Ie suis content de l'intelligence que vous me donnez, passons outre.

PLUVINEL.

SIRE, quand le cheval souffre la main & y obeyt, s'y laissant conduire sans refus au gré du Chevalier, il est à propos que le Chevalier en s'affermissant sur les estriers, face quelque mouvement pour animer son cheval à manier ; que s'il se presente de luy-mesme, & sans la peur de la chambriere, le Chevalier ne perdra temps, & prendra cette occasion de luy faire cognoistre par les caresses, & l'entretiendra en cette cadence de fois à autre par les justes contrepoids de son corps, par la vigueur du gras de ses jambes, & par la fermeté de ses cuisses, en le regaillardisant quelquesfois de la voix : que si par hazard il refusoit d'obeyr par cette voye, celuy qui tient la chambriere,

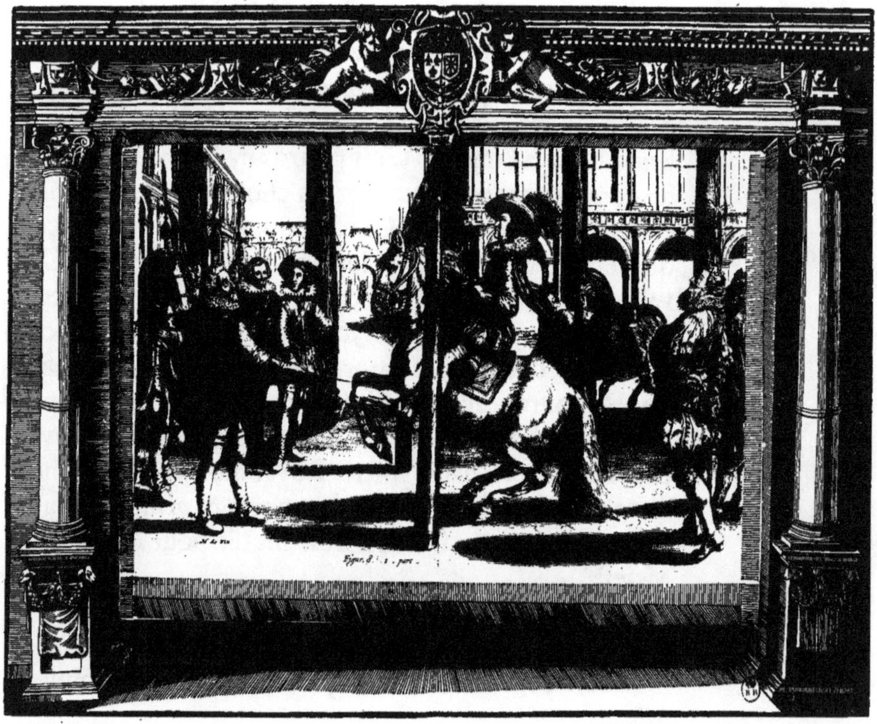

briere, luy pourra faire peur : & à mesme temps l'homme
luy donnera un coup de houssine soubs la botte avec un
ton de voix, pour faire appercevoir au cheval qu'il faut
qu'il manie pour celuy qui est sur luy, comme pour celuy qui tient la chambriere. Laquelle chose il compren-
dra bien-tost, en y procedant distinctement, tant celuy
qui est à cheval que celuy qui est à pied. Et lors qu'il aura
obey à l'entour du pilier, & qu'il aura parfaictement contenté le Chevalier, il le peut renvoyer au logis, pour luy
faire sentir le plaisir de son obeïssance. Si aussi il ne luy a
donné tout le contentement parfaict qu'il pourroit desirer, il faut le faire attacher entre deux piliers, sans descen-
dre ou remonter dessus, s'il estoit descendu, (en cas qu'il *Figu-*
juge le pouvoir faire sans peril) puis apres au mesme instant *re 8.*
que celuy qui tient la chambriere, le fait aller de la sorte
comme j'ay dit cy-dessus, il doit approcher doucement la
houssine de costé & d'autre, & obliger le cheval le plus
doucement qu'il pourra à y obeyr comme au manche de
la chambriere, pour luy donner à cognoistre la gaule, &
comprendre qu'il faut qu'il y obeysse : laquelle leçon il
luy continuëra tant qu'il juge à propos d'entreprendre
davantage.

LE ROY.

Par cette voye le cheval comprend facilement qu'il doit
obeyr à la gaule, comme à celuy qui tient la chambriere :
mais pourquoy vous servez vous plustost de la houssine
que des talons, puis que vous desirez que la houssine frappe au mesme endroit que feroient les talons ?

PLUVINEL.

SIRE, je le fais parce que je ne me veux servir des
talons qu'en toute extremité : car si les chevaux n'al-
loient point par autres aydes que par les coups d'esperon,
                                                    je

je confeffe franchement que je quitterois l'exercice de la cavalerie, n'y ayant nul plaifir de faire manier un cheval par la feule force : parce que jamais l'homme n'aura bonne grace tant qu'il fera contraint de le battre, & jamais le cheval ne fera plaifant à regarder en fon maneige, s'il ne prend plaifir à toutes les actions qu'il fera. C'eft pourquoy je me fers de la houffine pour luy donner cognoiffance des talons, en ce que le mouvement du bras, & la veuë que le cheval a d'elle, l'oblige à obeyr pluftoft pour la peur qu'autrement : joint qu'à toutes les fois qu'il faut qu'il la fente, eftant à l'endroit du talon, cela le prepare par apres à les fouffrir.

LE ROY.

Quand eft-ce que vous faites cognoiftre les talons au cheval, & de quelle façon en ufez-vous ?

PLVVINEL.

SIRE, lors que je voy le cheval affeuré au pas, au trot & au galop, & aucunement terre à terre à l'entour du pilier, fouffrant l'homme fur luy, obeyffant à la bride, & s'y laiffant conduire, maniant pour la peur de la chambriere & de la gaule, ayant cognoiffance de l'une & de l'autre, allant de cofté entre les deux piliers pour la gaule de l'homme qui eft fur luy : alors je continuë les mefmes leçons, & en fuite, l'homme animant le cheval de la voix & de la gaule, je fay qu'il preffe en mefme temps le gras des jambes & les talons. Que fi cette nouveauté l'oblige de fe deffendre, il ne faut pas redoubler des efperons, mais bien d'un coup de chambriere, ou de la peur : & apres avoir repris haleine, en cheminant de pas, celuy qui aura la chambriere, fe tiendra preft fans faire femblant de rien au cheval ; puis comme l'homme qui fera deffus, ferrera les

ra les deux gras des jambes & les talons, où il ne partiroit, la peur & le coup de chambriere luy obligeroient
auparavant qu'il ait loifir de fe deffendre : ainfi en pratiquant avec induftrie & intelligence, le cheval cognoiftra bien-toft, qu'il faut qu'il parte pour les talons ; & y
eftant accouftumé, il le fera franchement quand il fentira
ferrer les deux gras des jambes. Si auffi le cheval ne re-
fufe, & que la gaule feule & la voix, fecourant les talons,
fuffent fuffifantes pour le faire deliberer, il ne faut point
que celuy qui tient la chambriere, s'en ferve. Au contraire il fe doit retirer hors du pilier, & laiffer faire l'homme qui eft deffus luy, afin que le cheval s'accouftume à
ne voir plus la chambriere aupres de luy, & à manier
autant pour le plaifir que pour la peur, à quoy le Chevalier l'obligera de tout fon pouvoir; puis l'ayant contenté,
il le renvoyera, ou le fera attacher entre deux piliers, pour
le continuer, comme auparavant, à aller de cofté : mais en
approchant la gaule, il approchera auffi le talon tout doucement. Et où il feroit refus, il ne donnera pas coup
du talon ; mais bien de la gaule, avec la peur de la chambriere, & ainfi le cheval s'accouftumera peu à peu à partir pour les talons, & à fe ranger auffi de cofté deçà &
delà pour iceux.

MONSIEUR LE GRAND.

S I R E, je voy bien que par cette methode le cheval
peut obeyr fans aucun doute. Mais de prendre une cadence bonne terre à terre, il s'en pourroit trouver quelques-uns qui d'eux mefmes, fans autre artifice, ne s'y met-
troient pas : c'eft pourquoy il eft tres à propos que Monfieur de Pluvinel die à voftre Majefté ce qu'il faudroit faire à tels chevaux, pour les obliger de prendre une bonne
cadence terre à terre.

K   P L U-

PLVVINEL.

S I R E, Il eſt tres-vray ce que Monſieur le Grand
vient de dire, qu'il y a des chevaux encor qu'ils obeïſſent
à la main & aux talons, s'y laiſſant conduire au pas, au
trot, au galop, & à toute bride : neantmoins ils ne peuvent prendre la cadence terre à terre : & ce qui les empeſche (j'entens les obeïſſans) car pour ceux qui ſe deffendent de malice, il faut les vaincre par la patience indu-
ſtrieuſe, & par la reſolution judicieuſe, afin de les faire
obeyr : & où eſtans obeïſſans, ils ne s'accommoderoient à
aucune cadence. Il faut qu'ils ſoient ſans force, ſans legereté, ou naturellement des-unis : car ſi le cheval eſt leger &
uny, infailliblement les aydes cy-deſſus dites, le feront
preſenter à ce qu'on deſire : mais ſi le cheval eſt leger &
des-uny, il ſera beſoin que le Chevalier ayant finy ſa leçon, le face attacher entre les deux piliers. Et apres l'avoir
fait aller de coſté deçà & delà, qu'il deſcende, puis un peu
Figu- apres qu'il luy frappe doucement la poiçtrine avec la houf-
re 9. ſine en aidant de la langue, pour luy apprendre à faire des
courbettes : à quoy ſi il ne reſpond, & qu'il n'obeïſſe,
comme il s'en trouve de ſi coleres ou ſi ſtupides, que la
moindre nouveauté les trouble de telle ſorte, qu'ils n'entendent point ce qu'on leur demande, ou l'entendant ne
le veulent faire. A quoy le diſcret Chevalier prendra garde de prés : car ſi le cheval entend & comprend ce qu'il
luy demande, le refuſant, il le faut chaſtier de ſon refus :
ſi auſſi il ne l'entend, & que ſon refus procede de manque d'intelligence produite par la colere, ou par la ſtupidité, faiſant difficulté de ſe lever haut de terre, & plier
les jambes de devant, (qui eſt une des bonnes graces
du cheval quand il manie à courbettes, ou à un air plus
haut) ou qu'il ſe fiſt trop attendre à lever les deux
pieds de terre, il le faut frapper ſur une jambe de derriere,

de Vile　　　Le Roy age de 1º ans　　　M. de Pomiciff de la R.　　Le Sr. Es.

Figur. 9　　1 pur
fit asst sur figst y an

riere, ou fur toutes les deux avec la mefme houffine, pour
le faire ruer : & s'il eft tant foit peu fenfible, il s'apper-*Figu-*
cevra qu'il luy faut lever les jambes, voire la croupe, en *re 10.*
voyant approcher la houffine : De forte qu'il ne refufera
plus à lever le devant, qui eft ce que premierement eft
demandé : & fi tous ces moyens manquoient, & que
le cheval fuft tellement attaché à terre qu'il ne fe vouluft lever, il faut faire tenir un gros bafton haut de terre, environ d'un pied & demy : & tenant une des cordes du caveffon, faire fauter le cheval par deffus, lequel approchant du bafton, celuy qui fera fur luy ay-*Figu-*
dera de la langue & de la houffine fur l'une ou l'autre de *re 11.*
fes efpaules : & par cette voye le cheval apprendra affeurement à bien faire une courbette, fi le Chevalier
eft foigneux de l'ayder & de le careffer à propos à toutes les fois qu'il obeyt ; voire mefmes quand il fait femblant : car les chevaux ne nous peuvent entendre ny
obeyr que par la diligence des careffes de la langue, de la
main, ou en leur donnant quelque friandife, d'herbe,
de pain, de fucre, ou autres chofes, quand ils font ce
qu'on defire, ou partie: Mais auffi quand ils font mal, il faut
eftre diligent de les chaftier de la voix, de la houffine, de
l'efperon, ou de la chambriere un coup ou deux pour le
plus ; c'eft à fçavoir de l'un ou de l'autre, & non pas de
tous enfemble pour une mefme faute : car s'il eft poffible,
il faut eftre avare des coups, & prodigue des careffes,
à fin, comme j'ay desja dit, & rediray toufiours, d'obliger le cheval à obeyr, & à manier pluftoft pour le plaifir
que pour le mal.

L E   R O Y.

A voir la maniere que vous tenez pour lever le devant
aux chevaux, à fin de leur apprendre à bien faire une
courbette, il faut que l'homme qui l'entreprendra, re-
garde

garde de prés à ce qu'il fait, pour éviter aux extremes coleres qui peuvent prendre aux chevaux ainfi attachez, & au peril de l'homme qui feroit deffus, & choifir le plus propre de tous les moyens que vous venez de dire, felon la cognoiffance qu'il aura du cheval, pour luy faire faire feulement une bonne courbette.

P L U V I N E L.

SIRE, Voftre Majefté pourroit peut-eftre croire que ce feroit fort peu de chofe au cheval, que de fçavoir une bonne courbette : mais je la puis affeurer que celuy qui la fait bonne, eft fort advancé : car s'il en fait bien une bonne, certainement il en fera bien trois, defquelles eftant affeuré, il en fera infailliblement, tant que fon haleine luy pourra fournir, en le travaillant avec difcretion & fans le mettre en colere : & pour donner à connoiftre à voftre Majefté, quelle eft la bonne courbette, c'eft quand le cheval la fait librement avec l'ayde feule de la langue, à toutes les fois qu'il plaift au Chevalier de luy demander, en accompagnant bien enfemble le devant & le derriere : Et pour ce que j'ay donné divers moyens pour faire lever le cheval, c'eft au prudent & judicieux Chevalier de s'en fervir felon ce qu'il jugera à propos. Car c'eft à luy à confiderer, que fi un cheval fe deffend de fe lever par trop devant, jufques à fe mettre en peril de fe renverfer,& fans vouloir aller en avant, que ce feroit une imprudence à luy, de luy continuer la chofe de laquelle il fe deffend. Au contraire,au cheval qui prend cette deffence, il le faut fort deliberer & determiner à l'entour du pilier, pour là luy faire perdre & employer fa force à prendre une meilleure cadence : Si le cheval eftoit ramingue ou retif, il n'eft pas à propos de le lever, fi ce n'eft qu'il fuft fort attaché à terre; auquel cas encor ne le faudroit il pas lever pour le rendre plus leger,

que

que premierement il ne fut obeyſſant à aller en avant , & obeyr aux leçons precedentes. Le Chevalier ſage & adviſé conſiderera donc toutes ces choſes, & fera la guerre à l'œil ; car il y a mille rencontres diverſes qui ſe treuvent en travaillant, qu'on ne peut dire que lors que l'occaſion s'en preſente ; eſtant tres-neceſſaire qu'avec le long uſage & la pratique de cette ſcience, le jugement agiſſe puiſſamment, autrement il y auroit du peril de ga-ſter bien ſouvent des chevaux, & faire courre fortune aux hommes de ſe faire mal : car mon but n'eſtant autre par ma methode, que d'eſpargner les jambes & les reins du cheval, & d'abreger le temps : Je m'attache principa-lement à exercer ſon eſprit & ſa memoire, de telle ſorte, que pour bien reüſſir à ce que je deſire : tout ainſi que c'eſt l'eſprit du cheval que je travaille le plus, il faut auſſi que l'eſprit du Chevalier ſoit en perpetuel travail pour épier toutes ſortes d'occaſions, afin de parvenir à ce qu'il deſire, ſans laiſſer paſſer aucun mouvement qu'il n'obſer-ve, ny aucun temps qu'il ne prenne.

LE ROY.

Je voy bien que l'homme a grand beſoin de pratiquer, pour eſtre ſçavant en cette ſcience. C'eſt pourquoy je ſuis bien aiſe en vous entendant parler, de voir, comme j'ay fait juſqu'à cette heure, la preuve de ce que vous me dites. Enſeignez-moy donc, ce que vous deſirez de vo-ſtre cheval, apres qu'il ſçait faire juſques à trois ou qua-tre bonnes courbettes.

PLUVINEL.

SIRE, Quand le cheval obeyt franchement aux leçons precedentes, & qu'il ſçait faire trois ou quatre bonnes courbettes, & qu'il les fait franchement entre les deux piliers, ſans s'appuyer ſur les cordes du caveſ-

L   ſon,

fon, je fais un peu allonger les cordes, & continuë la
mefme leçon par quatre ou cinq jours, afin que le cheval
prenne bon appuy dans la main. Et lors que je cognois
qu'en maniant, il s'appuye fur les refnes, & non fur le
caveffon, je le fais cheminer de cofté, deçà & delà, des
hanches feulement, en approchant les talons tantoft l'un,
tantoft l'autre, de pas, puis la mefme chofe à courbettes deux ou trois de chafque cofté, felon la difcretion du
Chevalier, l'arreftant à chafque fois avec force careffes,
pour luy apprendre à manier de cofté pour les talons, s'appuyant dans la main, le fecourant de la houffine, où il ne
fe leveroit affez devant ou derriere.

LE ROY.

Mais pratiquant toutes les leçons fusdites, fi le cheval vigoureux fe deffendoit de fa force, que feroit-il be-
foing de faire ?

PLUVINEL.

Si le cheval vigoureux, ou quelqu'autre cheval que ce
foit, fe deffend contre les leçons fusdites, il faut confiderer fa deffence : car s'il va en avant, & que feulement il fe
deffende (s'il eft leger & vigoureux) de fon efquine, en
faifant des fauts au lieu de courbettes, pourveu que le
cheval aille bien deliberé à toute bride, quand il plaift au
Chevalier, & qu'il ne fe ferve de cette deffence que lors
qu'on le veut lever, il ne la faut pas feulement fouffrir,
mais faut entretenir le cheval à la cadence qu'il prendra luy-mefme, foit capreoles, balotades, ou groupades ;
d'autant que c'eft une chofe trés-certaine, que les airs
font donnez au cheval de nature ; & qu'il faut, s'il eft
poffible, l'obliger à faire demonftration de celuy qui luy
eft le plus facile, & auquel il a plus d'inclination : car
fans doute c'eft celuy auquel il aura meilleure grace

en

en maniant : partant le prudent & judicieux Chevalier
doit prendre garde, comme je viens de dire, de ne battre
pas son cheval quand il prend quelque cadence, soit de
bonne volonté, ou par deffence, encor que ce ne fut pas
celle qu'il desire; d'autant que s'il se deffend des sauts, il
le faut faire sauter, & luy entretenir : car pourveu qu'il
prenne une cadence, & qu'il obeysse, il suffit; estant
tres-certain, que si le cheval n'a assez de force pour continuer à capreoles, ballotades ou groupades, il se rabais-
sera tres-aisement de luy mesmes à courbettes, ou terre à
terre : & qui feroit autrement, tel cheval vigoureux &
plein de feu, pourroit faire mille desordres, qui en retar-
dant ce qu'on desire, apporteroit mille accidents fascheux
tant à l'homme qu'à luy.

LE ROY.

Ie conçoy bien ce que vous me venez de dire ; mais
revenons au cheval obeyssant aux leçons susdites, & entre les deux piliers, faisant quatre ou cinq courbettes en
une place, & autant de chasque costé, s'appuyant en la
main. Quand il en est à ce poinct, voyons ce que vous
desirez de luy: car il semble, à voir l'ordre de ce que vous
dites, que vous commencez, continuez, & achevez
de dresser vostre cheval à l'entour du pilier, & entre les
deux piliers.

PLUVINEL.

Vostre Majesté a tres-bien jugé, pource que je me
trouve tres-bien de ces deux moyens, en ce que j'en tire tout ce qui est propre à reduire les chevaux à ce que
je desire, sans tourmenter le corps, les jambes, ny les pieds,
mais seulement leur esprit, d'autant qu'autour du pilier
le cheval se met franchement sur les hanches, se delibere,
se resoud, tourne furieusement, & rondement, pourveu
qu'il

qu'il foit vigoureux entre les deux piliers , il obeyt aux talons plus promptement. Il s'unit & prend pluftoft le bon appuy de la main à courbettes : aufquels lieux fi le cheval y va volontairement , s'appuyant doucement fur les refnes , & non fur le caveffon , il ira encor mieux hors de là en liberté.Et pour autant que toutes les jufteffes dependent de celle de ferme à ferme,eftant en une place, je continuë volontiers , & conclus ordinairement la leçon du cheval entre les deux piliers,y trouvant là ce qui m'eft neceffaire : & vous diray (S I R E) que la plus excellente leçon que j'ay trouvée pour affermir promptement la tefte du cheval, luy faire prendre bon appuy à la main de la bride , & luy gaigner l'haleine fur les courbettes , j'entends quand il ne s'appuye , ny ne tire point fur le caveffon ; c'eft de l'attacher entre les deux piliers avec les longes d'un filet , qu'il aura dans la bouche au lieu de bride , & là le faire manier fans felle ; car il fe chaftie foymefme , s'il branfle la tefte, ou qu'il s'appuye trop, ou pas affez; tellement qu'il eft contraint de manier fur les hanches , & prendre le bon appuy , de crainte qu'il a d'eftre frappé de la chambriere , qu'on luy monftre toute prefte derriere, & l'en frappe on quand il en eft befoin , toutesfois avec difcretion. Lors donc que je voy le cheval bien obeyffant à ce que deffus , afin de luy donner plus de pratique fur les voltes, je le fais remettre autour du *Figu-* mefme pilier , comme deffus , avec une longe attachée *n 12.* au banquet du mors , comme une fauffe refne , & là je le fais manier , en le faifant lever devant , & chaffer fort en avant , qui eft moitié terre-à-terre & moitié à courbettes , qui fert grandement à le refoudre & deliberer, pour bien embraffer la volte , n'y ayant rien de plus agreable à voir au cheval, que la diligence & la refolution en maniant , ny plus defagreable que la lenteur & la molleffe.

LE

M. de Pavinant Eſſeg le Roy.   Le Cte de Plane.

Figure 12.   1 partie.

LE ROY.

Il femble que cy-devant vous avez fait ce qui vous a
efté poffible, pour obliger le cheval à fe lever haut devant,
pour bien faire des courbettes, m'ayant fait cognoiftre
que les plus hautes font les plus belles : & à prefent vous
le faites lever demy à courbettes, & demy terre à terre :
ne craignez vous point que cela le divertiffe de fe lever
haut devant, & le faffe rabaiffer?

PLUVINEL.

SIRE, la pratique que j'ay du contraire, m'oblige
d'affeurer voftre Majefté, que tant s'en faut que cette
cadence de demy à courbettes, & demy terre à terre,
rabaiffe le cheval & l'appefantiffe ; mais pluftoft en ufant
bien à propos de cette leçon, elle le releve & l'allegerit
d'avantage, en ce qu'elle le refoud, l'affermit fur les hanches, & l'affeure dans fa cadence : luy faifant recevoir
franchement les aydes de la main, des talons & de la
houffine : lesquelles chofes rendent le cheval plus agile à
tout ce qu'on defire de luy, & par confequent luy en fa-
cilite les moyens.

LE ROY.

J'approuve vos raifons, & croy que les effects en reüf-
fiffent tels que vous me les dites, c'eft pourquoy voyons
ce que vous faites apres.

PLUVINEL.

SIRE, Voftre Majefté remarquera, s'il luy plaift,
que je luy ay dit cette leçon, demy à courbettes & demy terre à terre, eftre tres-neceffaire en s'en fervant au
befoin ; c'eft à dire, quand on verra un cheval manquer
de refolution, s'entretenant fur fes courbettes, non

M

affeuré

affeuré de fa cadence, incertain de fon appuy & des aydes : mais fi le cheval eft affez refolu par fa vigueur, &
qu'il ne foit befoin de s'en fervir, il faudra paffer outre;
encor que je n'ay jamais trouvé de chevaux aufquels cefte leçon fuft dommageable, tellement que je m'en fers
volontiers. Puis quand je les y voy fort obeïffans, pour
peu qu'on fouftienne la main d'avantage au cheval, il
maniera à courbettes ou à capreoles, fi c'eft fon air, en
l'aydant ou plus ou moins, comme j'ay dit; & felon la difcretion du Chevalier qui fera deffus, il apprendra à faire
de bonnes voltes, aufquelles je continuë à entretenir le
Figu- cheval à l'entour du pilier, tant que je le voye fort affeuré
re 13. à cette cadence, & à l'obeïffance entiere de la main, fouffrant peu à peu l'ayde des talons.

LE ROY.

Qu'appellez-vous fouffrir l'ayde des talons ?

PLUVINEL.

SIRE, Le cheval fouffre les talons quand en les approchant, il les fuit, & fe renge deça & delà pour l'un &
pour l'autre, quand en les preffant contre fon ventre, il
part vigoureufement de la main. Et lors qu'il fait quelque chofe contre la volonté de celuy qui eft deffus, &
qu'il le chaftie d'un ou de deux coups des deux efperons,
ou d'un feul, qu'il endure tant ce chaftiment que les autres aydes, fans fe mettre en colere.

LE ROY.

J'entends bien à cette heure, ce que c'eft au cheval de
fouffrir les talons : mais l'importance eft des moyens qu'il
faut tenir pour luy faire endurer, lefquels je feray bien
aife que vous me faciez entendre.

PLU-

Monst le Conte d'Hauteur.

M. de Neuau.   Le Roy.

Espana y.E.   e partie.   Mich. pinx.

PLUVINEL.

SIRE, il y a plufieurs chevaux, & grande quantité,qui les endurent trop,& qui s'en foucient fort peu:pour ceux-là il faut pluftoft des moyens pour les accouftumer à y eftre plus fenfibles : C'eft pourquoy je ne m'amuferay pour cette heure à parler d'eux, feulement je declareray à voftre Majefté, ce qu'elle defire , qui eft que rencontrant un cheval fort fenfible aux talons pour commencer à les luy faire fouffrir , eftant bien affeuré dans fa cadence à courbettes ; je fais tousjours , ou le plus fouvent felon le *Figure 14.* befoin , commencer fa leçon au pilier feul , & là le faifant aller fur les voltes de fon air, lors qu'il eft en train , je tafche tout doucement à le pincer le plus delicatement que je puis d'un talon ou de l'autre , felon le befoin : ou de tous les deux enfemble , un temps ou deux feulement. S'il le fouffre , luy faire cegnoiftre avec careffes que c'eft ce qu'on defire. S'il ne le fouffre, arrefter l'ayde & achever la volte , pour le remettre dans fa cadence : eftant une maxime qu'il ne faut jamais arrefter fon cheval, s'il eft poffible , fur une mauvaife cadence. Car le commencement & la fin c'eft à quoy il faut prendre garde pour le bien faire. Confiderant donc le cheval faifant difficulté d'endurer d'eftre doucement pincé , je l'attache entre les *Reconès à* deux piliers les cordes un peu courtes, & en le levant , je *la Figure 8.* le fais pincer tout doucement. Et fi il fe detracque de fa mefure,je le redreffe derriere fur la crouppe avec la houffine , & en luy aydant , je fais en forte que celuy qui eft deffus continuë à le pincer , afin qu'il remarque qu'il faut refpondre à l'ayde du talon, comme à celuy de la houffine. Et fi le Chevalier qui eft deffus , & celuy qui aydera le cheval de la houffine , fur la crouppe s'entendent , ils auront bientoft accouftumé le cheval à prendre l'ayde des talons, & à y obeyr comme à celle de la houffine.

LE

LE ROY.

Mais en cas que le cheval fuſt ſi impatient , ou ſi ſenſible , qu'il ne vouluſt endurer les talons en la forme que
vous dites, & qu'il ſe miſt en colere de telle ſorte,qu'en le
voulant contraindre , il entraſt en quelque deſeſpoir , ſe-
roit-il beſoin de s'opiniaſtrer à les luy faire ſouffrir , puis
que ſans cela il me ſemble qu'il peut manier ; & que meſmes vous dites qu'il ne faut point battre les chevaux ; au
contraire qu'il faut qu'ils aillent ſans qu'on cognoiſſe que
le Chevalier face aucune action de force ny de contrainte ; mais la creance que j'ay qu'il eſt neceſſaire, puis que
vous le faictes,m'oblige de vous en demander la raiſon, &
le moyen que vous tenez , pour obliger ceux de l'humeur
que je vous viens de dire,à endurer librement cette aide :
neantmoins je ſeray bien aiſe que vous me declariez premierement ce que vous nommez pincer.

PLUVINEL.

SIRE, Pincer ſon cheval lors qu'il manie à courbettes, ou à quelqu'autre air plus relevé , eſt preſſer tout
doucement les deux eſperons , ou un d'iceux contre ſon
ventre , nón de coup, mais en ſerrant delicatement , ou
plus fort, ſelon le beſoin , à tous les temps, ou lors que la
neceſſité le requerra ; afin que par l'accouſtumance de
cette aide, il ſe releve derriere, ou peu , ou beaucoup, ſelon la fermeſſe , de laquelle le Chevalier avivera cette aide , qui eſt veritablement tout le ſubtil de la plus parfaite ſcience , & pour le Chevalier , & pour le cheval ,
que j'ay nommée la delicateſſe principale de toutes les
aides , dont l'intelligence eſt la plus neceſſaire à l'homme
& au cheval ; & ſans laquelle il eſt impoſſible au Chevalier de faire bien manier ſon cheval de bonne grace ,
& en la ſorte que voſtre Majeſté ſçait que je deſire , &
que

que je pratique en mon efcole. D'autant que le cheval n'entendant , ne cognoiffant , & ne fouffrant les aides des talons , s'il a befoin d'eftre relevé , animé , ou chaftié , il n'y aura nul moyen de le faire : car le coup d'efperon eft pour le chaftiment , & les jambes & la fermeté des nerfs pour les aides : Mais où il ne refpondroit affez vigoureufement aux aides de la jambe , il faudroit en demeurer là , fi le cheval ne fouffroit le milieu d'entre le coup d'efperon & l'aide de la jambe , qui eft le pincer, que je viens de dire , que fort peu de gens pratiquent , (volontiers par faute de fçavoir pluftoft que de bonne volonté) non plus que celle de la cuiffe, qui eft la feule pour laquelle je veux que les chevaux dreffez de ma main manient , & laquelle je diray à V. M. en particulier avec autres chofes pour la bienfeance , & pour la politeffe , afin que V. M. face manier fon cheval de meilleure grace que les autres. Voilà donc, S I R E , ce que je nomme pincer , & les raifons pourquoy il eft neceffaire que le cheval le cognoiffe , l'entende, & le fouffre. Mais pour contenter voftre Majefté en ce qu'elle defire fçavoir , comme quoy j'oblige celuy qui eft trop fenfible , impatient & colere, d'endurer cette aide : c'eft que je fais attacher le cheval de pareille humeur entre les deux piliers les cordes courtes , apres avoir commencé fa leçon autour du pilier feul , pour tousjours l'entretenir dans fa bonne cadence , puis eftant attaché , je lie deux balles de quoy on joüe à la paume , aux deux mollettes des efperons de celuy qui eft deffus , avec lesquels efperons ainfi couverts , j'oblige le cheval à aller du cofté , deçà & delà , tout dou- *Recouvrée à la Figure 8.* cement, luy faifant fentir ces balles contre le ventre, pour luy donner à cognoiftre que le mal n'eft pas grand : puis eftant accouftumé d'aller de cofté , de pas , il le faut tenir droit en une place , & approcher de fois à autre les deux talons enfemble , afin qu'il les fente tous

N deux

deux à la fois. Comme il est accoustumé de les souffrir
en cette sorte, sans manier, de peur qu'il ne perde sa
cadence en faisant desordre, une autre fois je commence sa leçon entre deux piliers, & apres qu'il a senty les
talons sans manier, lors qu'il manie je les y approche
tout doucement à tous les temps : Et par cette voye infailliblement le cheval souffrira les esperons armez de ces
balles. Vostre Majesté remarquera, s'il luy plaist, qu'au
lieu de balles je me pourrois faire oster les esperons, d'autant que le talon agiroit contre le ventre du cheval
comme les balles. Mais je le fais pour une raison, qui
est que n'ayant point d'esperons, le talon ne peut toucher au ventre du cheval, sans que le gras de la jambe
ne le presse par trop, & qu'elle ne soit en autre posture
que lors qu'il y a un esperon. Quand le cheval les souffre
ainsi couverts de balles sans se mettre en colere, je prens
des esperons qui ne piquent point, & continuë les mesmes leçons : puis y estant accoustumé, je reprens les
ordinaires, & m'en sers delicatement, ou plus fort selon
le besoin ; & ainsi sans nulle doubte, toute sorte de
chevaux, quelques impatiens, coleres, & sensibles qu'ils
soient, en practiquant cette methode avec industrie &
jugement, endureront tres-librement les aides, &
souffriront les chastimens à propos : Estant telle souffrance si necessaire au cheval de guerre principalement, que
celuy qui n'endure la main & les talons sans se mettre en
colere & en desordre, est non seulement incapable de
servir son maistre aux bonnes occasions ; mais propre à
luy faire courre fortune de la vie, en ce qu'il est tres-
certain qu'un homme au combat n'a pas la justesse de la
main, & des talons au milieu du hazard comme sur la
carriere : car souvent voulant éviter le peril qu'il void pres
de luy, donnant des esperons à son cheval pour l'en sor-
tir, redoublant souvent, & de la main plus rudement
que

que l'ordinaire, pour le tourner ou çà ou là : si le cheval ne souffre, & qu'au lieu d'obeyr à l'intention de celuy qui est dessus, il fasse desordre & se mette en colere, il n'y a que tenir que sa vie ne soit en danger extreme : ce qui monstre visiblement le besoin que les chevaux ont de souffrir la main & les talons.

LE ROY.

Vos raisons tombent facilement sous mon sens, & voy comme peu à peu vous-vous faictes distinctement entendre au cheval: c'est pourquoy je prendray plaisir que vous poursuiviez vostre discours, & que vous me faciez entendre ce que vous faites au cheval reduit au point que vous venez de dire ?

PLUVINEL.

SIRE, quand j'ay reduit le cheval jusques où vostre Majesté a veu, je commence tousiours sa leçon autour du pilier, sur les voltes, pour l'entretenir d'avantage dans l'obeyssance de la main, pour s'y laisser conduire, & soustenir dans sa bonne cadence, & dans la souffrance des aides des talons. Puis l'ayant attaché entre les deux piliers les cordes un peu plus longues, je commence tout doucement à le faire aller de costé, de pas, deçà, & delà, & reprendre d'un talon & de l'autre sans s'arrester : puis comme le cheval cognoist cette reprise de pas, je mets peine & l'ob**e** si je puis, de reprendre en maniant de son air, ce qu'il fera en fort peu de jours, estant desja accoustumé à manier, deçà & delà, en s'arrestant de chasque costé.

LE ROY.

Pourquoy voulez-vous que vostre cheval sçache manier de costé, & qu'il repreigne deçà & delà pour un talon & pour l'autre ?

PLU-

PLVVINEL.

Pour ce (SIRE) que le cheval qui ne fçait manier
de cofté, ne peut faire bonnes voltes que par hazard :
mais le fçachant, fi en allant fur les voltes, il s'eflargift
trop l'efperon de dehors, le referrera : & s'il fe ferre trop
l'efperon de dednas, le fera eflargir. De mefme fi en
maniant par le droiẛ, il fe jettoit d'un cofté ou d'autre,
l'un ou l'autre efperon le contraindra d'aller droiẛ. Voilà (SIRE) la raifon pourquoy je veux que les che-
Figu- vaux fçachent manier de cofté. Maintenant je paffe
re 15. outre, & fupplie voftre Majefté de regarder ce cheval
avec une longe au banquet du mors, comme j'ay dit
cy-devant, lequel apres avoir commencé fa leçon de
fon air à l'entour du pilier pour le divertir, de crainte de
l'ennuyer à mefme chofe, au lieu de l'attacher entre deux
piliers pour le faire aller de cofté: Voyez comme il a fa tefte tournée contre le pilier, & tout proche, & les hanches dehors : comme quoy il chemine de cofté, de pas,
des efpaules & des hanches, & plus eftroit des efpaules.
En apres confiderez le maniant à courbettes de la mefme
pifte, & comme celuy qui eft deffus l'aide des deux talons, pour porter les efpaules en avant, un peu plus ferme
de celuy duquel il le chaffe, afin qu'il y obeyffe ; c'eft à
dire, le fouftenir feulement de celuy oppofite qu'on le
chaffe, le preffant fort du gras de la jambe, ou le pinçant
de celuy auquel il veut qu'il obeyffe ; láquelle leçon eft
tres-profitable, & advance le cheval.

LE ROY.

Quelle advance trouvez-vous que cette leçon face d'a-
vantage qu'entre les deux piliers, puis qu'il n'y faiẛ qu'aller de cofté, deçà ou delà ?

PLV-

PLUVINEL.

SIRE, I'y trouve deux advantages : le premier, que le cheval n'eſtant attaché des deux coſtez, il a moins d'apprehenſion du pilier ſeul, que des deux, n'y eſtant pas ſi ſubjet : & par conſequent, il faut, outre l'appuy qu'il a à la main, qu'il y obeyſſe, en ſe laiſſant conduire la teſte contre le pilier : Secondement, qu'il obeyſſe encor aux deux talons enſemble, & plus à celuy duquel on le chaſſe, ſe laiſſant porter en avant un peu de coſté : par leſquelles choſes voſtre Majeſté peut cognoiſtre, que le cheval qui a cette intelligence & cette obeyſſance, eſt preſque en eſtat d'eſtre nommé ſçavant.

LE ROY.

Il me ſouvient que vous avez tantoſt dit, qu'il y avoit des chevaux qui ne ſouffroient que trop les talons, eſtans ſi peu ſenſibles & courageux, qu'ils ne s'en ſoucioient en aucune ſorte ; & qui avoient pluſtoſt beſoin de moyens, pour leur apprendre à les craindre & à les fuir qu'à les endurer : c'eſt pourquoy je ſeray bien aiſe que vous me declariez quelle invention il y auroit pour leur donner cette ſenſibilité.

PLUVINEL.

SIRE, Il y a des chevaux ſi ſtupides, ſi poltrons, avec ſi peu de force aux reins, aux pieds, & aux jambes, que tout ce qu'ils peuvent faire, eſt de cheminer deux lieuës par jour. Tels ſont plus propres à la charette qu'au maneige, & tellement indignes de ſe preſenter à voſtre Majeſté, qu'il n'en faut parler devant elle : Mais il y en a d'autres qui ont aſſez bonne force, beaux pieds & belles jambes, que le peu de courage rend ſi laſches & inſenſibles, qu'il faut y apporter bien de l'artifice pour les réveiller : à tels chevaux je voudrois en premier lieu

O

les

les bien traitter : puis eftans en bon corps , s'ils ne fai-
foient mine de fe réveiller , je les ferois r'enfermer dans
une efcürie, où on ne verroit point de lumiere, ny le jour
ny la nuict, les y laiffant fejourner en cette maniere un
mois, ou fix fepmaines, fans fortir, leur donnant à manger
à leur volonté : fi cela les animoit, ce feroit ce que je defirerois, pour éviter à leur faire du mal : car mon humeur
eft de chercher toutes fortes d'inventions pour m'empefcher de tourmenter les chevaux ; tenant pour reigle
infaillible , que tout homme qui ne les fçait dreffer qu'en
leur faifant du mal , & par la force, eft parfaictement
ignorant. Si donc toutes fortes de voyes douces me
Recou- manquent, je les mets autour du pilier, & là je les fais ré-
rez à veiller de la chambriere , jusques à ce qu'ils aillent deli-
la Fi-
gure 7. berément de peur du coup : puis quand l'homme peut eftre
deffus en feureté , & qu'ils font accouftumez d'aller vigoureufement fans tomber , (qui eft le plus ordinaire hazard qu'il coure fur tels chevaux ;) je fais fans crainte
donner vertement des efperons bien piquans , lesquels au
befoin font fecourus de la chambriere , de la houffine , &
de la voix de celuy qui eft deffus, pour tafcher par là de le
mettre en apprehenfion; &, s'il y a moyen, luy faire plus de
peur que de mal, pour l'obliger à partir librement pour les
talons, & s'y rendre plus fenfible par la crainte qu'il en prendra. Que fi cette leçon bien pratiquée ne le met en peu de
jours en l'eftat que le Chevalier defire , il faut croire que
l'impuiffance feule l'en empefche, auquel cas le mal eft fans
remede ; puis que l'homme n'eft pas obligé à l'impoffible.

MONSIEUR LE GRAND.

SIRE, voftre Majefté peut cognoiftre, ayant entendu
Monfieur de Pluvinel, & veu la preuve de fon difcours,
que fa methode eft la plus certaine, la plus briefve, la plus
profitable, & la moins perilleufe : & par laquelle je puis
affeurer V. M. avoir veu reüffir de fi bons effects , & fi
grand

grand nombre , que jamais je n'ay remarqué en quelque lieu où je me fuis trouvé , des chevaux fi bien allans à toutes fortes d'airs , que ceux qui ont efté dreffez en fon efcole ; comme auffi il ne fe trouve point d'hommes , ou fort peu , bien placez à cheval , bien refolus , travailler avec fcience, jugement & patience , que ceux qui en ont appris le moyen de luy : ofant affeurer voftre Majefté , qu'il a plus dreffé d'hommes & de chevaux en dix années de temps , que jamais il ne s'en eft veu en voftre Royaume. Et pour preuve de mon dire , c'eft que toutes les bonnes efcoles qui font en France , font tenuës par fes efcoliers. Et que toute voftre Nobleffe, qui avoit accouftumé d'aller chercher cette fcience aux pays eftranges,fe contente de fe rendre fçavans en leur patrie , au lieu que la plus-part retournoient ignorans, fans avoir rapporté aucune fatisfaction de leur voyage, que celle d'avoir veu un autre pays que le leur. C'eft pourquoy (S I R E) je loüe Dieu,de quoy Monfieur de Pluvinel s'eft trouvé durant le Regne de voftre Majefté , afin qu'en acquerant l'honneur de l'inftruire, il fe repute heureux d'avoir rencontré un fujet fi digne pour faire admirer fa fcience , efperant en fort peu de temps voir reüffir fon labeur ; de forte que V. M. fe pourra dire eftre le plus excellent en cet exercice qui foit en fon Royaume,& fans grande peine, veu l'inclination naturelle qu'elle a à tout ce qu'elle defire entreprendre.

P L U V I N E L.

S I R E , j'ay grande occafion de loüer Dieu , de m'avoir donné le moyen d'acquerir le peu de vertu, qui oblige Monfieur le Grand à vous parler de moy en ces termes : mais je luy doy bien rendre graces davantage , de ce qu'il m'a rendu fi heureux , que deux grands Roys ayans eu agreable mon fervice, j'ay encor l'honneur d'enfeigner à V. M. le plus parfaict de tous les exercices du corps , & le plus neceffaire à un grand Monarque. Iusques

ques icy, SIRE, j'ay esté bien aise de luy monstrer par
effect de quelle sorte je pratique la methode que je tiens
pour rendre les chevaux obeyssans, & prests d'arriver aux
plus grandes justesses, ayant voulu monstrer à vostre Majesté, que ces choses se pouvoient faire facilement avec
l'usage des piliers ; & donner à cognoistre par raison, que
ce n'est pas sans cause si j'ay quitté toutes les autres inventions, pour me tenir à celle-cy : Car, comme j'ay dit
cy-devant, il me faudroit accuser d'imprudence, si j'avois
abandonné la sorte dont j'avois accoustumé de travailler,
pour en prendre une autre, si je n'avois tiré de tres-gran-
des preuves du bien qui en reüssit ; & si je n'estois tres-
certain que toutes sortes de chevaux, & de toutes natu-
res, se peuvent dresser par ces deux voyes, l'une autour
du pilier, & l'autre entre les deux piliers, à toutes sortes
d'airs, tant pour la guerre, que pour les triomphes, & tournois : les uns neantmoins plustost que les autres ; car les
bons, qui se trouveront naturellement avec de la force &
de la legereté, sont plus promptement resolus en leur maneige, & manient mieux & plus long-temps, que ceux
qui manquent de telles parties, & se mettent plus facilement dans la main & dans les talons. Que si par hazard
quelques uns ignorans, qui m'ont veu travailler, ayans creu
pouvoir faire le semblable, & qu'en y essayant ils ayent gasté
leurs chevaux, ou n'ayent pas reüssi à ce qu'ils desirent, j'en
suis bien marry : & les conseillerois plustost d'abandonner
cette pratique (puis qu'ils y reüsssent si mal) que de blasmer ce qu'ils ne sçavent pas. Mais, SIRE, c'est dequoy
je me soucie fort peu : car n'ayant entrepris de contenter
que vostre Majesté, ceux que j'honnore & à qui je dois
du respect, mes amis particuliers, & toutes sortes de gens
vertueux qui auront desir d'apprendre ; je laisse volontiers les autres travailler à leur fantasie, & ne desire de
blasmer personne, n'estant pas mon humeur, me conten-
tant seulement de sçavoir discerner le vray d'avec le faux,

&

Poſtiau de l'Academie
haut de 7. pieds

Choiſton de cordes

Selle à la Ginindelle

Façon de la Chambriere au pré

Dernier figure de la reprise

& de connoiſtre la voye la meilleure pour parvenir à mon deſſein. Or, S I R E, je ſuis d'advis que voſtre Majeſté, pour ne s'ennuyer pas de mon diſcours, & pour ſe divertir, qu'elle commence à monter à cheval.

LE ROY.

Non, Monſieur de Pluvinel, je ſeray auparavant bien plus aiſe d'entendre, comme quoy vous achevez le cheval qui en eſt au poinct où nous l'avons laiſſé, & de quelle ſorte vous faites pour l'adjuſter parfaitement.

PLUVINEL.

S I R E, voſtre Majeſté ne laiſſera pas de contenter ſa curioſité, & en travaillant elle-meſme, elle apprendra quelque choſe : puis apres en ſe repoſant, je continueray mon diſcours, & luy feray voir l'effect des paroles que je luy diray, ſous quelques bons hommes capables d'adjuſter un cheval devant moy, & le plus ſouvent ſous moy meſme. Partant (S I R E,) voſtre Majeſté trouvera bon (s'il luy plaiſt) de ſuivre mon conſeil, afin d'obliger toutes ces perſonnes de qualité, que voilà devant elle, qui deſirent, il y a ſi long-temps, de la voir en cet eſtat, qui leur donne eſperance que bien-toſt elle ſe portera à la teſte de ſes armées: donnant un ſi bon exemple de ſa vertu, qu'elle obligera par là toute ſa Nobleſſe, en l'imitant de le ſuivre, & de ſe rendre dignes de la bien & dignement ſervir.

MONSIEUR LE GRAND.

S I R E, Monſieur de Pluvinel a raiſon de vous donner cet advis, pour ce qu'outre que V. M. ſe deſennuyera, en s'exerçant elle apprendra quelque choſe, & donnera un contentement extréme à tout ce qui eſt icy.

Figure deſcrite en la meſme de cet te r. partie, c'eſt la Seſt.

Fin de la premiere Partie.

L' I N-

L'INSTRVCTION DV ROY,
EN L'EXERCICE
DE MONTER A CHEVAL.

Par Meſſire ANTOINE DE PLUVINEL, Eſcuyer principal de ſa Majeſté.

SECONDE PARTIE.
LE ROY.

Figu-
re 16.

MONSIEUR le Grand, j'approuve le conſeil que vous me venez de donner, & jusques icy j'ay cogneu que par la methode que Monſieur de Pluvinel obſerve, on peut en peu de temps ſe rendre capable de juger du Chevalier & du cheval. Cependant je prends un grand plaiſir à voir travailler un bel homme de cheval; & croy que j'en prendray encor davantage à faire manier ſous moy un cheval dreſſé de ſa main, par ce qu'ils me ſemblent ſi ayſez & obeyſſans, qu'il ne faut que ſe tenir droit, & ayder ſeulement des cuiſſes (qui eſt celle laquelle il m'a enſeignée en particulier) & un peu de la langue : c'eſt pourquoy, Monſieur de Pluvinel, faites-moy venir le cheval que vous jugerez le plus propre.

PLUVINEL.

SIRE, Il eſt tres-raiſonnable, qu'eſtant le plus grand Monarque de la Chreſtienté, voſtre Majeſté prenne ſa premiere leçon ſur le plus parfait cheval de l'Europe : Voilà, SIRE, le Bonnite, duquel j'ay cy-devant parlé à voſtre Majeſté, lequel, à mon advis, le ſervira tres-dignement :

ment : mais auparavant que d'en approcher, voftre Majefté aura, s'il luy plaift, agreable, que je luy die comme quoy il le faut faire feurement, & de bonne grace.

LE ROY.

I'en feray bien aife, car il me fouvient vous avoir fouvent entendu reprendre vos efcoliers de monter à cheval de mauvaife grace. C'eft pourquoy je defire ne tomber en ces inconveniens.

PLUVINEL.

SIRE, encor que voftre Majefté ne monte jamais à cheval, ou peu fouvent, qu'il n'y aye plufieurs perfonnes à l'entour d'elle pour luy aider, foit à tenir le cheval, foit à le mettre dans la felle : neantmoins il peut arriver qu'en beaucoup d'endroits, ou en guerre, ou ailleurs, qu'elle feroit quelquesfois contrainte de faire cette action, n'ayant pour la fecourir que celuy qui tiendroit le cheval : auquel cas il faut toufiours avoir foubçon, & éviter ce qu'il peut arriver. Il eft donc befoin que celuy qui ameine le cheval à voftre Majefté, le tienne du cofté droit, en cas qu'il fuft feul, afin que fe treuvant du cofté de l'eftrier pour le tenir, il puiffe auffi empefcher le cheval de faire defordre : je ne dis pas cela (SIRE) pour vos Efcuyers, car il n'y en a aucun icy qui ne fçache tresbien fa charge, & qui ne foit tres-digne de le fervir. Je le fais feulement, afin que fi voftre Majefté fe treuvoit feule avec quelque ignorant, elle puiffe luy commander de luy amener, & luy tenir fon cheval comme il faudra. Lors donc qu'elle voudra s'en approcher, elle prendra, s'il luy plaift, garde, que ce ne foit pas tout droit, par devant, de crainte qu'un cheval, ou fafcheux ou gaillard, ne luy donnaft d'un ou des deux pieds de devant. Il ne faut pas auffi que ce foit par derriere, de peur du mefme accident. Il faut que ce foit du cofté gauche, un peu plus devant que

derriere,

derriere, & vis à vis de l'efpaule ; où eftant, avant que
mettre le pied en l'eftrieu, elle jettera l'œil fur la bride,
voir fi elle eft bien placée dans la bouche un peu au deffus des crochets : Si la gormette n'eft point entorfe, ou
trop lafche, ou trop ferrée. Puis confiderera les fangles
& le refte du harnois, fi le tout eft bien : car puis que la
vie dépend de ces chofes, il eft tres-raifonnable d'y regarder de prés, ce qui fe fait prefque en un moment quand
on y eft accouftumé, & lors ayant recognu le tout en
bon eftat, du mefme endroit proche de l'efpaule gauche,
V. M. prendra les deux refnes de la main gauche, & le
pommeau de la felle : puis ayant mis le pied en l'eftrieu,
s'appuyant de la main droicte fur l'arçon de derriere, elle fe placera dans la felle: mais s'il eft poffible,il faut qu'elle s'accouftume à faire cette action fi librement, que le
cheval la fente fort peu,& qu'il n'en reçoive ny apprehenfion, ny incommodité : puis ayant bien fait adjufter ces
eftrieux, elle pourra faire ce qu'il luy plaira.

LE ROY.

Figu-
re 17. Me voilà donc à cheval, mes eftrieux bien adjuftez, &
la bride en la main, que voulez-vous que je fafle ?

PLUVINEL.

SIRE, je louë Dieu dequoy V. M. a fi bonne memoire, & qu'elle aye fi bien retenu la pofture que cy-devant
je luy ay monftrée fur la perfonne de Monfieur de Ter-
Recou-
rez à
la Fi-
gure 2. mes,qu'il n'eft maintenant point de befoin que je m'approche d'elle pour la placer d'autre forte qu'elle eft. Et d'autant que voftre Majefté fe peut bien fouvenir (comme je
l'ay cy-devant fait voir) la plus grande difficulté des chevaux eftre de tourner, & que pour cet effect je les çom-
mence par là: de mefme la plus grande difficulté des hommes eft, de les faire manier en tournant. Ce qui m'oblige de commencer leurs premieres leçons par là : & de
fup-

Figure 21. Seconde partie

supplier voftre Majefté , de tourner à main droite de pas
large quatre tours ; & , s'il eft poffible , garder la bonne
pofture , tenant la gaule fur le col du cheval , la poincte
vers l'œil gauche , afin qu'il la voye , & les ongles de la
main de la bride en haut.

MONSIEUR LE GRAND.

S I R E , à ce que je voy , Monfieur de Pluvinel n'aura pas grande peine à faire comprendre à voftre Majefté
tout ce qui eft requis pour le rendre parfait en cet exercice, puis qu'à cette premiere fois je luy voy executer ce
qu'elle fait.

PLUVINEL.

S I R E , Je cognois que fi tous les efcoliers qui me font
paffez par les mains , euffent comprins auffi-toft que fait
voftre Majefté , qu'il y auroit bien plus grand nombre
d'excellens hommes de cheval dans voftre Royaume qu'il
n'y a ; parce qu'elle a fort bien gardé fa bonne pofture.
Mais je la fupplie de prendre garde à mettre un peu le
dos en arriere quand elle arreftera fon cheval ; chofe fi
neceffaire,qu'il faut toufiours la pratiquer en cette action,
foit en arreftant, de pas, de trot, de galop, à toute bride ,
ou à quelqu'autre air que ce foit.　Le bien qui en arrive
eft, qu'en faifant de la forte, l'homme en a bien meilleure
grace , & le cheval y fent de la commodité pour mettre
plus facilement les hanches fous le ventre , à caufe des
contrepoids que le Chevalier fait par cette action fur
les reins du cheval : l'inconvenient , qui en reüffit faifant
le contraire , eft , que le Chevalier a tres-mauvaife grace
d'arrefter court , & de pancher la tefte prés du crin , &
fon eftomach prés du pommeau de la felle : auquel temps
fi le cheval faifoit quelque fault, & donnoit quelque tour
d'efquive, il incommoderoit fon homme , & luy feroit
perdre fa bonne pofture.

　　　　　Q　　　　　　　L E

LE ROY.

La raifon eft fort bonne, & mettray peine de pratiquer ce que vous me dites.

PLUVINEL.

SIRE, je voy que voftre Majefté a trop bon efprit, pour que je fois obligé à la faire cheminer de pas d'avantage : c'eft pourquoy je la fupplie de faire au trot ce qu'elle a fait au pas : & fi le cheval fe prefente au galop, qu'elle le laiffe faire, s'il luy plaift. Car tout fera fort bon, pourveu qu'en gardant fa bonne pofture, elle conduife fon cheval rondement, qu'elle empefche qu'il ne s'arrefte finon quand il plaira à voftre Majefté, & qu'à l'arreft elle mette le dos en arriere, comme je viens de luy dire. Et afin que je cognoiffe fi le cheval ne s'arreftera point de foy-mefme, V. M. aura agreable de faire quatre tours entiers, puis arrefter en la place où elle eft.

MONSIEUR LE GRAND.

SIRE, voftre Majefté me permettra, s'il luy plaift, de luy dire fans flatterie, que j'ay veu des efcoliers de trois mois, ayans tres-bon efprit, qui n'eftoient point fi droicts ny fi vigoureux qu'elle, & qui ne conduifoient leur cheval avec tant de jugement qu'elle faict; je m'en rapporte à Monfieur de Pluvinel, que je fçay tres-bien qui ne dira à voftre Majefté que la verité.

LE ROY.

Ie n'en doute nullement, car il fçait combien je hais les flateurs.

PLUVINEL.

SIRE, Monfieur le Grand vous a tres-bien dit, car il eft vray qu'il ne fe peut mieux; & ofe affeurer voftre

Ma-

le porte manteau du Roy. Figure 18. 2 partie.

Majefté, n'avoir jamais veu perfonne faire en ce peu de temps le tiers de ce qu'elle vient d'executer : car elle s'eft tres-bien fouuenuë de mettre le dos en arriere ; & fi l'efpaule droite n'a efté fi en avant que j'euffe defiré, & que la jambe ne fe foit tenuë affez eftenduë; ce que j'ay à dire, c'eft qu'il eft impoffible que voftre Majefté faffe tout en un jour : mais je m'affeure qu'en fort peu de temps fans que je luy parle, elle fera d'elle-mefme à cheval, ce qu'elle a entendu eftant à pied. N'eftant pas tous-jours neceffaire de reprendre l'homme de toutes les fautes qu'il fait, foit en la conduite de fon cheval, foit en fa pofture ; à chafque fois qu'il les commet, (au commencement qu'il apprend ;) mais il le faut reprendre quand il eft temps, afin de ne luy embroüiller point la cervelle : appartenant feulement au prudent Efcuyer de cognoiftre quand il eft temps.

MONSIEUR LE GRAND.

S I R E , il eft certain ce que vous dit Monfieur de Pluvinel, qu'il ne faut pas toufiours reprendre fon efcolier ; car j'ay veu fouvent travailler devant luy des jeunes efcoliers faifans de grandiffimes fautes, lefquelles il laiffoit paffer fans leur dire : & fi je ne l'euffe cognu pour tres-fçavant en l'exercice, j'euffe creu que l'ignorance euft produit ce filence. C'eft pourquoy (S I-R E) il fera bien à propos qu'il en die la raifon à voftre Majefté.

PLUVINEL.

S I R E, il plaira à voftre Majefté d'achever cette pre- *Figu-*miere leçon, je la contenteray apres fur ce qu'elle defire. *re 18.* Voyons donc encores quatre tours à main droicte, & puis fi elle a agreable de defcendre, il fuffira pour ce matin : mais fur tout je la fupplie de fonger à bien ferrer les cuif-fes & les genoux ; car c'eft ce qui luy fera garder fa bon-

ne

ne pofture , & executer à cheval de bonne grace tout ce qui fe peut faire.

MONSIEUR LE GRAND.

S I R E , je croy que Monfieur de Pluvinel treuvera fi peu à reprendre à ce qu'il defire de V. M. qu'il n'ouvrira pas la bouche finon pour la louër.

P L V V I N E L.

S I R E , il eft vray que V. M. s'eft fouvenuë parfaicte-ment de tout ce que je luy ay dit, & a eu foin de l'execu-ter ; ce qui m'a donné un tel contentement , que j'efpere en moins de trois mois d'exercice, la rendre capable de fe fervir de toutes fortes de chevaux bien dreffez,& fi bien, qu'il y aura tres-grand plaifir à la regarder.

L E   R O Y.

Vous avez remis à me dire, quand je ferois pied à terre, la raifon pourquoy vous ne reprenez pas au commence-ment vos efcoliers de toutes les fautes qu'ils font,donnez-la moy donc à entendre.

P L V V I N E L.

S I R E, on peut plus dreffer d'hommes en parlant peu, & quand il en eft temps,qu'en criant à toutes heures,com-me prefque la pluspart de ceux qui enfeignent ont accou-ftumé : ne croyans pas (plufieurs y-a-il) eftre dignes d'e-ftre appellez Efcuyers , fi de moment en moment ils n'u-foient de menaces, d'injures , & quelquesfois de coups aux hommes , & le tout fans raifon : car il n'en peut reüffir aucun bon effect,en ce que l'homme ignorant,eftant desja affez eftonné de fe voir fur un cheval qui l'incom-mode,dont les extravagances le mettent en crainte; fi par-my tout cela celuy qui l'enfeigne,va augmenter fon appre-
h   henfion

henfion par fes menaces , fans doute il continuëra long-
temps cette methode avant que rendre fon efcolier fçavant , pour ce qu'il faict tout le rebours de ce qu'il convient, mettant en crainte celuy auquel il eft befoin de l'o-
fter , & luy donner de l'affeurance ; ce qui fe doit nommer une pure ignorance. Car puisque la vraye & parfaite fcience eft d'arriver bien-toft à la fin qu'on defire , &
que par cette voye on n'y peut jamais atteindre; ceux qui
fuivent le contraire,fe peuvent à bon droict appeller ignorans. Or (SIRE) quand l'efcolier qui commence à apprendre , commet quelque faute , foit en fon action , ne gardant la bonne pofture qu'on luy aura enfeignée ; foit en la
conduite de fon cheval ; il faut confiderer s'il eft à propos
de le reprendre: & pour le cognoiftre, il faut juger le fujet
qui le fait faillir, fi c'eft manque de tenuë, fi c'eft eftonnement, ou fi c'eft faute d'efprit qui l'aye empefché de retenir ce qu'on luy aura dit. Si c'eft manque de tenuë, ce feroit une folie bien grande , de reprendre un homme de fa
bonne pofture , & de manquer à la conduite de fon cheval, lequel eft fi empefché à fe tenir , qu'il ne fonge à autre chofe : Il faut donc auparavant que d'en venir à la re-
prehenfion,luy apprendre à fe tenir ferme. Au femblable,
fi c'eft quelqu'un qui s'eftonne,on profiteroit fort peu durant cét eftonnement de cenfurer fes fautes , pource qu'il
n'a rien devant les yeux qu'une continuelle apprehenfion,
qui le rend fourd à tout ce qu'on luy peut dire. Il eft befoin premierement d'ofter cette crainte , pour luy rendre
l'ufage de la raifon , & la facilité de bien concevoir ce
qu'on luy enfeignera. Si c'eft faute d'efprit , c'eft ce qui
eft plus fafcheux : car il eft tres-difficile d'en donner à
celuy qui n'en a pas : neantmoins les reprehenfions ai-
gres , les menaces & les tourmens ne luy en donneront
d'avantage , & ne le rendront plus fçavant : au contraire
elles eftoufferont ce peu qu'il en aura , de telle forte
qu'elles le rendront incapable de quoy que ce foit. Il faut

R   pluftoft

pluſtoſt y aller par douceur : pour ce qu'il n'y a que la
longue pratique qui·luy puiſſe faire apprendre ce qu'on
deſire : à quoy il faut travailler doucement, pour réveiller
cette grande ſtupidité pluſtoſt que de l'aſſoupir tout à
fait. Voilà, S I R E, ce qu'il faut que celuy qui enſeigne
conſidere de prés, afin d'apprendre quand il eſt temps de
parler, & quand il ſe faut taire. En un mot, il faut aſſeurer parfaiɛtement l'homme ſur le cheval auparavant que
de le reprendre ; & lors qu'il eſt aſſeuré, il eſt beſoin de
luy enſeigner à ſe ſentir. Car il y en a pluſieurs qui faillent, faute de ſentir ny eux ny leur cheval : & pour
preuve, tel eſt courbé & de travers qui croit eſtre droiɛt,
& tel penſe la croupe de ſon cheval trop dedans, qu'il eſt
trop dehors ; tellement qu'il eſt beſoin de connoiſtre
quand l'homme ſe ſent, & ce qu'il faiɛt, afin de luy monſtrer diſtinɛtement le moyen en cas qu'il ne le ſçeuſt ; ce
qui ne s'execute pas en criant ny en menaçant. De plus, il
faut laiſſer faillir les hommes au commencement, pour
(s'il eſt poſſible, qu'ils remarquent, & qu'ils ſe corrigent
tous ſeuls de leurs fautes) apres toutesfois leur en avoir
faiɛt appercevoir une fois ou deux, afin qu'ils ne s'attendent pas qu'on leur parle touſiours, & qu'ils ne s'endor-
ment l'entendement en cette attente. C'eſt pourquoy
je laiſſe quelquesfois gourmander & battre un cheval ſans
raiſon à un eſcolier que je cognois manquer de reſolution, afin qu'il prenne de la hardieſſe : car apres on cor-
rige ſans difficulté les deffauts qui arrivent par trop de reſolution, & bien plus aiſement que ceux qui ſont cauſez
par trop de crainte ; aymant beaucoup mieux qu'un eſcolier entreprenne trop que trop peu. Voilà, (S I R E) de
quelle ſorte je procede pour enſeigner les hommes, & les
raiſons qui m'obligent à me ſervir de la courtoiſie & de la
douceur : Car puis que je veux, s'il eſt poſſible, dreſſer mon cheval par toutes ſortes de voyes douces : il eſt
bien plus raiſonnable que j'exerce la meſme choſe à l'endroit

droit des hommes, puis qu'outre qu'ils font fufcepti-
bles de raifon, ils n'ont pour but que le defir d'apprendre la vertu.

LE ROY.

Reprenez le difcours que vous avez quitté quand j'ay
monté à cheval. Car je veux, fans me divertir à autre
chofe, que vous pourfuiviez de me dire tout ce qui eft
neceffaire pour achever d'adjufter le cheval, qui en
eft reduit au poinct où nous l'avons l'aiffé ; enfemble fi
c'eft tout ce que vous avez à me reprefenter de l'ufage
des piliers.

PLUVINEL.

SIRE, j'en ay fait remarquer à voftre Majefté les
principales reigles, & laiffe áu prudent & fage Cavalier d'en ufer felon le befoin, avec la modeftie & le
jugement qu'il fera de fon cheval, pour luy allonger,
accourcir, ou changer fes leçons, comme il connoi-
ftra eftre neceffaire : Car de ces chofes particulieres,
il ne s'en peut donner de maximes determinées, en ce
que les chevaux ne font pas tous d'une mefme nature :
les uns voulans eftre forcez, & les autres careffez ; les
uns fort travaillez, & les autres peu ; par ainfi je dis que
par ma methode je puis travailler aux piliers toutes fortes de chevaux, & tirer d'eux tout ce qui fe pourra.
Mais pour les reigles particulieres, encor que j'en ay dit
à voftre Majefté plufieurs, & en diray encor en la fuite de mon difcours quelques unes, neantmoins elles font
fans nombre. Lefquelles toutesfois font tirées de ces
principales, & remarquera voftre Majefté, s'il luy plaift,
que tant plus le Chevalier a d'ufage, & de pratique en
cette fcience, tant plus il rencontre de moyens pour luy
faciliter ce qu'il defire.

LE

LE ROY.

Continuez donc à me donner l'intelligence des autres reigles que vous faictes obferver hors des piliers, pour mettre le cheval dans les plus grandes juftelles.

PLUVINEL.

SIRE, Il n'y a rien fi certain que les chevaux qui font bien obeyffans aux piliers, & aux leçons precedentes, le font encore d'avantage hors de cette fujection, & manient plus gayement hors des piliers : chofe qui fe croiroit peu facilement, qui ne l'auroit pratiqué; mais auffi il eft tres-neceffaire de fe bien fervir de cette methode pour en venir là, autrement il y auroit peril qu'au lieu de rendre le cheval au point où on le defire, que le contraire n'arrivaft, faute de l'intelligence parfaicte, requife en l'execution des precedentes leçons. C'eft pourquoy je confeille ceux qui ignorent l'ufage de mes moyens, de les apprendre, ou de ne s'en fervir pas, de crainte de tomber en mille accidents inevitables, où l'ignorance *Figu-* de ma pratique les pourroit conduire. Auparavant donc *n 19.* que de faire manier le cheval hors la fubjection du pilier, je le fais promener au pas, au trot, & au galop, felon que je juge qu'il en eft befoin, pour qu'il apprenne à fe laiffer conduire franchement par la bride, & s'arrefter droict & jufte comme cy-devant : j'ay dit que l'arreft fe devoit faire à trois ou quatre temps feulement : fi le Chevalier y treuvoit quelque peu de difficulté en cette conduitte, il fe fervira des deux refnes feparées dans les deux mains, comme on fe fert des longes du caveffon ; duquel ufage je me treuve fort bien, pourveu qu'on en ufe bien à propos.

LE ROY.

Pourquoy remettez-vous le cheval au pas, au trot,

&

Figure 19   2 partie   N.° Gruis

& au galop par le droiĉt, puis qu'il me femble que ce font les premieres leçons que vous luy avez données au pilier , & pourquoy vous fervez vous des refnes pluftoft que de remettre un caveffon ?

S I R E, je remets le cheval au pas, au trot & galop, par le droiĉt, fans caveffon, & fans fubjeĉtion, afin que le cheval fe voyant en liberté, fe réjouyffe, & que dans cette réjouyffance , en fe fouvenant des leçons qu'il aura aprifes, il les execute , & s'y laiffe conduire à la difcretion du Chevalier : la prudence & le jugement duquel ne manquera pas de fe fervir des occafions (fi la gaillardife de fon cheval parmy ces promenades ou gallopades , engendre quelque temps de terre-à-terre, ou courbettes de le recevoir) & luy faire cognoiftre que ces chofes ne luy déplaifent, encor qu'il ne les luy demande pas , fi ce n'eft qu'il les fift par deffence , auquel cas il ne luy faudroit fouffrir : pource que le cheval au poinĉt où il eft , doit obeyr abfolument, & non pas fe deffendre. Si toutesfois il y avoit quelque peu de refiftance en la conduite de la bride, les refnes feparées, dont je me fers pour faire fouffrir franchement l'emboucheure, & la gourmette du mors, & pour plus promptement alegerir le cheval que par l'ufage du caveffon , (que pourtant je ne reprouve en cas de neceffité :) pluftoft que de m'opiniaftrer à me fervir des refnes dans une forte refiftance ; j'ufe volontiers d'une feguete, qui eft un caveffon de fer, avec une charniere par le milieu, creux & dentelé : & afin que le cheval ne branle la tefte , je luy fais porter une cordelle groffe comme la moitié du petit doigt , que je mets à l'entour de la muferole , & la fais paffer par dedans la felle le long du liege , & arrefter au pommeau , adjuftée à la longueur que je defire qu'il porte fa tefte : & en cette forte j'accouftume mon cheval hors de la fubjeĉtion à aller au pas,

au trot & au galop , & à courre , & arrefter droiɛ̃, & jufte, hors de la fubjeɛ̃ion,& fans peril de l'homme : ce que
peut-eftre il fera dés la premiere leçon.

LE ROY.

Quand voftre cheval obeyt à cela , que faiɛ̃es-vous
•apres ?

PLVVINEL.

S I R E , je defire luy apprendre de bonnes paffades
terre à terre , que je tiens eftre le meilleur maneige que
le cheval puiffe faire ; le plus beau à voir , tant pour luy
que pour le Chevalier ; & le plus neceffaire , principalement quand elles font relevées à courbettes : qui eft tout
ce que le cheval parfaiɛ̃ peut , & tout ce qu'il y a de plus
excellent dans tout l'art de la cavalerie : laquelle perfe-
ɛ̃ion de paffades relevées , je referveray à la fin des plus
grandes jufteffes , puis que c'en eft la conclufion, & diray
par ordre à voftre Majefté, le chemin qu'il faut tenir pour
mettre le cheval à ce poinɛ̃.

LE ROY.

Je croy veritablement que les bonnes paffades eft
la plus agreable aɛ̃ion , & la plus neceffaire : c'eft
pourquoy venons aux moyens pour les apprendre au
cheval.

PLVVINEL.

Voftre Majefté a tres-bien jugé les paffades eftre la
vraye efpreuve de la bonté du cheval , pource qu'en partant,on cognoift fa viteffe, en arreftant, fa bonne ou mauvaife bouche, en tournant, fon adreffe & fa grace ; & en
repartant plufieurs fois , fa force , fa vigueur, & fa
loyauté. Pour donc apprendre l'excellence de ce maneige , qui veritablement me plaift plus que tous les autres :

Lors

Lors que le cheval fçait bien galoper & arrefter droict,
je le fais cheminer deux pas, & au fecond, comme il leve
le pied droict de devant, en mefme temps il faut tourner
à main droicte tout doucement de pas, pour faire la demie volte, toufiours en marchant en avant, & par ce
moyen croifera la jambe gauche par deffus la droicte de
devant, & de mefme, ou peu apres en fera de celles de
derriere, en fouftenant les hanches dans la jufteffe &
proportion requife avec les jambes & les talons, puis faire le femblable à l'autre bout de la paffade, pour prendre
de la mefme façon une demie volte à main gauche : continuant ainfi jusques à ce que le cheval les fçache bien
faire de pas, ce qui s'appelle paffager la volte : Et lors
que le cheval le fçaura bien de pas dans la main & dans
les deux talons, il eft tres-certain qu'en le pouffant à toute bride, il fera de fort bonnes paffades, foit terre à terre,
foit relevées : fi le Chevalier s'eft bien fervy des leçons
cy-deffus autour du pilier, & entre les deux piliers.

LE ROY.

De quelle longueur & largeur faut-il que les paffades
foient pour eftre bonnes ?

PLUVINEL.

SIRE, eftant neceffaire que le cheval obeyffe à la
volonté du Chevalier, qu'il parte, qu'il arrefte, & qu'il
tourne quand il luy plaira, il n'y a proportion à la guerre,
finon celle que la neceffité requiert ; mais fur la carriere
il la faut mefurer felon la force, la gentilleffe, & l'inclination du cheval : Car s'il eftoit engourdy ou pefant, & un
peu abandonné fur le devant, & fur l'appuy de la bride,
il faudra tenir la paffade plus courte, & les ronds plus
eftroits que s'il eftoit leger ou ramingue. Si le cheval eft
fort vifte, on peut faire les paffades de trente pas de longueur, & le rond de quatre pas de diametre, coupé par
le

le milieu du centre,pour fermer la demie volte. Mais pour toutes fortes de chevaux , je treuve que la vraye proportion eſt de cinq ou ſix longueurs du cheval : pource qu'en cette diſtance on peut aiſément remarquer ſa viſteſſe,& ſa vigueur;que ſi elles eſtoient plus longues,il ne pourroit pas repartir ſi furieuſement , ny d'une meſme force , trois ou quatre fois au moins, comme il eſt neceſſaire.　La demie volte que j'ay dite devoir eſtre de deux pas de large ou environ ; il faut qu'elle ſoit un peu en demie ovale, afin que le cheval ſoit obligé de marcher touſiours en avant.

LE ROY.

Quel temps prenez-vous pour faire la demie volte , & combien de paſſades jugez vous que le cheval doive faire pour qu'elles ſoyent de bonne grace ?

PLVVINEL.

SIRE , apres avoir pouſſé le cheval à toute bride , au troiſieſme temps de ſon arreſt , je prends la demie volte, que le cheval infailliblement fera bonne , ſçachant desja manier autour du pilier : puis ayant fermé de la main , & du talon , cette demie volte à main droiƈte , il faut le faire repartir de toute ſa force , & en arreſtant, au troiſieſme temps , prendre la demie volte à main gauche. Et d'autant que le nombre ſe proportionne ſelon la force, & l'haleine du cheval, cela dépend du Chevalier, auquel on peut bien donner la ſcience ; mais la diſcretion faut qu'elle ſoit née avec luy , afin qu'eſtant ſçavant & diſcret, il puiſſe faire agir ſon jugement , & ſçavoir ce que ſon cheval peut faire de bonne grace : Car dans la neceſſité du combat , il eſt quelquesfois beſoin que le Chevalier faſſe plus que la bonne poſture ne requereroit : C'eſt pourquoy il faut eſtre ſoigneux de gaigner , & de maintenir l'haleine aux chevaux de guerre , afin que dans l'occaſion ils ne demeurent court : mais ſur la carriere, je con-

Figure 20.

Figure 11. à gauche

conseille au Chevalier , qui veut faire voir son cheval manier de bonne grace, & luy aussi, de n'entreprendre point
plus de cinq passades, commençant à main droite , qui est
la main de l'espée : & finissant à main droite, pour ce que
le cheval en peut fournir gayement tout d'une haleine jusques à ce nombre, sans se faire battre, ny porter des aides
de la main & des talons ; & par ce moyen le Chevalier
peut demeurer en sa bonne posture.

LE ROY.

Je comprends bien à cette heure de quelle sorte il faut
faire les passades terre à terre ; mais je suis en impatience
de sçavoir s'il ne faut rien adjouster ou diminuer pour les
bonnes & excellentes relevées, que vous nommez la
perfection de tous les maneiges.　C'est pourquoy, Monsieur de Pluvinel, avant que passer outre, dites-moy ce qui
en est.

PLUVINEL.

SIRE, j'avois faict dessein de conclure toutes les justesses du Chevalier & du cheval, par le discours des passades relevées , comme estant la vraye pierre de touche
de l'un & de l'autre., en ce qu'il n'y a point de leçons si
difficiles à faire que celle-là : car si tous les deux l'executent, on ne peut accuser l'homme d'ignorance ; & doit on
attribuer au cheval une parfaicte bonté & obeyssance ,
comme il se peut prouver par raison evidente.　Et pour
monstrer à vostre Majesté que j'avois raison d'en desirer
faire le discours le dernier, comme la conclusion de
toutes les plus grandes justesses : c'est qu'en premier
lieu il faut que le cheval , avant que commencer, quelque fougeux , & plein de feu qu'il soit, aye la patience
& l'obeyssance de se tenir en une place , & droit : puis
qu'il aye l'art de bien partir de la main sans aucun desordre: en apres qu'il arreste juste sur les hanches, & que de la

　　　　　T　　　．　　mesme

mefme cadence de fon arreft, dans la main & dans les talons de l'homme, fouffrant fes aides avec patience, (quoy
qu'animé de la courfe) il acheve la demie volte : au fermer
de laquelle, il attende fur les hanches, allant en une place
à courbettes, de mefme cadence de fon arreft,& de la demie volte, le temps de l'autre repart : continuant tant qu'il
plaira au Chevalier, en mefme patience, obeyffance &
jufteffe que la premiere ; tellement qu'avec raifon il fe
peut dire, qu'en cette feule forte de maneige, le cheval
pratique tout ce qu'il fçait de patience, d'obeyffance, de
force, & de gentilleffe : & me femble avoir affez prouvé
la parfaite fcience du Chevalier, & du cheval, ayant dit la
maniere de bien faire les paffades relevées.

LE ROY.

Je voudrois bien fçavoir deux chofes que vous ne m'a-
vez pas dites. La premiere, comme quoy il faut faire partir fon cheval de la main de bonne grace ? & l'autre, combien de courbettes il faut à l'arreft, combien en tournant,
en faifant la demie volte, & combien auparavant que de
repartir ?

PLUVINEL.

SIRE, Voftre Majefté a raifon de defirer fçavoir
ces chofes, & entr'autres la premiere : parce qu'il y a
grand nombre de perfonnes, & mefmes des gens qui
fe meflent de l'exercice dont je parle, qui font partir leurs
chevaux de la main d'autre forte que je ne ferois d'advis : & les accouftument à une mauvaife methode, qui
eft,lors qu'ils les veulent faire partir,ils ouvrent les jambes
& le bras de l'efpée : tellement que les chevaux accouftumez à cette routine, partent le plus fouvent : mais
cette action n'eft pas à ma fantafie, pour deux raifons :
L'une, que tant moins le Chevalier fait d'actions à cheval, & plus agreable il eft à regarder: & l'autre, qu'il peut

arriver

arriver qu'on furprendra un cheval, ou qu'il fera las & fa-
tigué de telle forte, que s'il ne part apres cette pofture
du Chevalier, & que l'homme demeure les jambes ou-
vertes, le bras levé, & fon cheval en une place, cela fera de mauvaife grace : car de donner un coup d'efperon
apres, cette action s'eft desja fait paroiftre fans effect ;
ce qu'il ne faut pas : car il faut que le moindre mouvement de l'homme, foit un commandement abfolu au cheval. Je confeille donc à celuy qui voudra bien faire partir
fon cheval, qu'il lafche la main de la bride de trois doigts,
& preffe les talons, d'où ils font, fans aller chercher fon
temps plus loin ; & qu'il accouftume fon cheval à partir
en cette forte : car lors qu'il fe fera apperceu de cela, pour
peu que l'homme lafche la main, & approche feulement
les deux gras des jambes, le cheval efchappera de toute
fa force : & quand mefme il ne partiroit pour la peur du
gras de la jambe, les deux talons font tout contre pour y
arriver, fans que l'homme faffe nulle action mauvaife du
corps, des bras, ny des jambes. Quant au nombre des
courbettes, elles doivent eftre de neuf : fçavoir trois en
arreftant, trois en la demie volte en tournant, & trois auparavant que de partir. Mais V. M. remarquera, que ce
nombre prefix que je luy donne, eft quand le Chevalier
fait manier fon cheval feul: car fi c'eft dans un tournoy, en
un combat à cheval, au ferrer de la demie volte, il faut faire plus ou moins de courbettes, à caufe que les chevaux
n'eftans pas d'efgale prefteffe, il eft neceffaire de s'attendre l'un l'autre ; & durant cette attente que le cheval demeure en la cadence des courbettes, & faffe paroiftre le
Chevalier de bonne grace en cette action, qui eft la plus
belle qui fe faffe en tous les tournoys & triomphes.

LE ROY.

Je cognois veritablement que les paffades relevées eft
la vraye pierre de touche du bon Chevalier, & du bon
che-

cheval : & que c'eft la conclufion de tous les maneiges ;
pour aufquelles parvenir, retournons à la fin de nos paffades terre-à-terre : & continuez à me dire ce que vous
apprenez apres à voftre cheval, pour le rendre capable de
toutes les jufteffes que vous en defirez.

PLVVINEL.

SIRE, La clef de toutes les plus grandes jufteffes,
eft le paffeige fait par la difcretion & le jugement du Chevalier : s'en fervir quand il eft temps, felon les diftances &
les proportions qu'il juge neceffaires, foit en avant, en arriere, de cofté, peu ou beaucoup, en tournant plus ou
moins de la main ferme ou legere, eflargiffant, ferrant, ad-
vançant d'un ou des deux talons, felon qu'il eft à propos,
tantoft à une main, & tantoft à l'autre. Et le feul moyen
d'adjufter les chevaux à toutes fortes d'airs, eft le paffeige : pource que c'eft le plus doux, & que le Chevalier en
mefme temps monftre au cheval toute la fcience, qui
font les œuvres de la main & des talons, fans luy donner
aucun fujet de fe mettre en colere ; à quoy il faut prendre
garde foigneufement, pource que par force on ne peut
jamais, ou rarement, tirer rien qui vaille d'un cheval. C'eft
pourquoy la conclufion de toutes mes leçons, pour bien
dreffer les chevaux, eft, de les travailler doucement, peu
& fouvent : car fi le cheval ne fçait cheminer jufte au pas,
de la tefte, du corps, & des jambes, il eft impoffible qu'il
puiffe jamais manier, ny bien, ny jufte.

LE ROY.

Que nommez-vous paffeiger, & qu'eft ce que paffeige ?

PLVVINEL.

SIRE, le vray paffeige eft un pas racourcy que le
cheval fait fous luy plus preft que le pas ordinaire, &
moins

moins que le trot,en une action toufiours difpofée à obeyr
à la main, & aux talons, fans furprife, ayant bon & jufte
appuy dans la main, & s'y laiffant conduire, & bonne
obeyffance aux talons pour faire le femblable : c'eft à fçavoir, que le cheval en tournant, ou en marchant de cofté, croife les jambes un peu moins celles de derriere que
celles de devant : & pour faire le paffeige des voltes bien
proportionné, il faut que les jambes de devant faffent un
cercle à plus pres comme la longueur du cheval, & celles
de derriere un autre cercle, plus petit des deux tiers ; &
comme j'ay dit cy-deffus, en ufant prudemment & difcre-
tement de cette forte de paffeiges, prenant garde de travailler ordinairement à ce que le cheval trouve le plus difficile, il en reüffit de fi bons effects, que par cette voye il
obeyt franchement à la main, tournant & reculant à la
volonté de l'homme. Il fe range deça & delà pour la crainte des efperons, lesquelles chofes eftans, il peut manier
fans aucune difficulté à toutes mains, large, eftroit, court,
long, & jufte,comme il plaift à celuy qui eft deffus ; d'autant que, comme j'ay dit, & rediray à toutes les fois qu'il
en fera befoin, la parfaite fcience des chevaux bien ma-
nians confifte en l'obeyffance abfoluë de la main, de la
bride, & des talons. Et ofe affeurer V. M. que fi le cheval me contente en le promenant, il maniera fort bien fur
les voltes, & paffades longues & courtes ; s'il ne va que
terre à terre, & fi fon air eft relevé, haut, ou mefaire, il fera felon fa force & vigueur, tout ce qu'un bon cheval de
maneige peut faire,foit fur les voltes redoublées,en avant,
en arriere, de cofté, deça & delà, en ferpent, en une place, de ferme à ferme, qui eft celuy feul d'où fort la vraye
& jufte obeyffance : car generalement toutes les autres
jufteffes font puifées de celle de ferme à ferme.

LE ROY.

Je feray bien aife que vous me declariez plus particulierement le moyen de faire manier les chevaux, que vous m'avez seulement dit en termes generaux, par ce discours, du passeige.

PLUVINEL.

SIRE, J'ay seulement parlé du passeige à vostre Majesté, pour luy donner à cognoistre, comme c'est le seul moyen d'ajuster les chevaux : à present je diray comme quoy il en faut user, non avec tant de particularitez que je desirerois ; car d'enseigner toutes les choses qu'il conviendroit, j'ay cy-devant dit à V. M. que le prudent homme de cheval doit faire la guerre à l'œil, & se servir des moyens selon les temps, les occasions & le besoin : neantmoins pour luy donner un peu de lumiere davantage : La premiere leçon que j'observe, lors que le cheval obeyt à l'entour du pilier dans la main & dans les talons, de pas, de trot, de galop, à toute bride, & de son air sur les voltes : puis la teste contre le pilier, de costé, entre les deux piliers, de costé deçà & delà, des hanches seulement : le sentant sous le bouton, & en une place dans la main, & dans les deux talons, souffrant les aides des jambes, & des talons au besoin sans se mettre en colere, puis au pas, au trot, au galop, à toute bride par le droit, arrestant juste, & prenant une demie volte terre à terre : repartant & redoublant le nombre de passades que sa force luy permettra. Alors luy ostant le cavesson, je le fais promener sur les voltes, comme la chose la plus difficile à faire au cheval, du mesme passeige que cy-dessus j'ay dit en se servant fort de la main, pour luy faire porter les espaules où bon me semblera, & cognoistre si hors du pilier il ne fera nulle difficulté d'obeyr ; ce qu'il executera sans doute, si en le travaillant au pilier on l'a senti dans la main, & dans les talons : que s'il les refuse, ce sera un tesmoignage que les leçons cy-dessus n'auront pas esté bien executées au pilier : auquel cas il luy faudra remettre,

tre , de peur de desordre ; & continuer jufqu'à ce qu'on
le fente capable de refpondre au Chevalier : ce qu'eftant,
& portant les efpaules où il defirera, il doit approcher un
talon , & puis l'autre , pour tafcher auffi à faire cheminer
les hanches de cofté & d'autre , fans que les efpaules
bougent que fort peu: & lors qu'on le cognoiftra obeyffant
en cette forte , on le pourra faire marcher de cofté à une
main & à l'autre , de la main & du talon tout enfemble,
le fentant toufiours fous le bouton , & plus preft à fe
mettre fur les hanches que fur les efpaules : & en faifant
toutes ces efpreuves , fi on le reffentoit abandonner
quelque peu plus fur la main qu'à la fantafie du Chevalier , il fe doit arrefter plus fouvent , le lever & tenir fur
les hanches le plus qu'il pourra ; & , en cas de neceffité,
conclurre fa leçon entre les deux piliers pour l'allegerir
d'avantage.

L E R O Y.

Faifant paffeiger voftre cheval fur les voltes , voulez-
vous qu'il commence fon maneige par là ? car il me femble que vous avez toufiours dit que c'eftoit ce qu'il treuvoit le plus difficile.

P L U V I N E L.

SIRE , C'eft pourquoy je commence toutes fortes
de chevaux par cette leçon à l'entour du pilier , & les y
continuë jufqu'à ce que j'y treuve de l'obeyffance , tant
qu'ils foient prefts d'ajufter ; alors les oftans hors de la
fubjeciion des piliers , il n'eft pas à propos de commencer à les faire manier fur les voltes , de crainte que fe
voyans en liberté , & treuvans une grande difficulté , ils
ne fiffent quelque refiftance , eftant neceffaire de les y
conduire peu à peu : ce que je fais en cette forte : Le
cheval fçachant donc manier autour du pilier , comme
cy-deffus j'ay dit , & obeyffant au paffeige , à la main , &
aux

aux talons , le Chevalier le doit conduire le long d'une
muraille , & le promener de pas par le droit deux ou trois
tours , pour luy faire cognoiſtre la piſte ; puis comme il
l'aura recognuë , il le faut obliger à faire trois ou quatre courbettes , puis marcher trois ou quatre pas , &
ainſi continuer en lèvant & cheminant de fois à autre,ſans
ennuyer le cheval , tant qu'il les ſçache faire de ſuite,
& qu'il manie par le droit , juſques au bout de ſon haleine , & de ſa force (ſi on vouloit luy obliger) ce qu'il
ne faut principalement au commencement des juſteſſes ,
crainte de l'ennuyer , ou de le rebuter.   Que ſi durant
cette leçon , il luy prenoit quelque malice extravagante,il
ne·la faut endurer , ains la chaſtier vigoureuſement : mais
il eſt bien neceſſaire de cognoiſtre ſi la defence vient de
malice, d'ignorance, de gayeté, ou de manque de memoire ; afin d'y remedier ſelon cette cognoiſſance : qui ne ſe
peut acquerir que par le long uſage dans l'exercice:neant-
moins quoy que ce ſoit , il faut vaincre le cheval par la
patience, ou par la force : & celuy qui n'eſt pas beaucoup
ſçavant, fera beaucoup mieux de ſe ſervir de la patience ,
crainte qu'en ſe ſervant de la force , il en uſaſt mal à propos , pource que dans les juſteſſes , c'eſt là où on cognoit
la vraye perfection du ſçavant Chevalier.

LE ROY.

Quand le cheval manie par le droit ſans refus , que fai-
tes-vous apres ?

PLVVINEL.

SIRE , quand le cheval a contenté le Chevalier par
le droit , & qu'il eſt bien aſſeuré , il le doit promener
rondement , ſur les voltes du meſme paſſeige que deſſus ,
ſe ſervant touſiours de la main , ſans le trop ſerrer des
hanches , ſuffiſant ſeulement qu'à ce commencement il
chemine une hanche dans la volte, pour ce qu'il ne ſe ſerre que

re que trop des hanches : & par ce moyen se rend pareſſeux à plier les eſpaules. C'eſt pourquoy il faut à ces
premieres leçons de juſteſſe, ſe ſervir de la main ſelon
le beſoin que le Chevalier jugera : car il y a des chevaux
qui ſe ſerrent trop des eſpaules, & pas aſſez des hanches : à ceux-là il faut faire la guerre à l'œil, afin de les
obliger à bien entendre, à obeyr à la main, & aux talons,
auparavant que de les faire manier ; ce qu'eſtant, & cheminant bien rondement ſur les voltes, ſans s'embaraſſer
les jambes & ſe les choquer ; ſi par hazard le cheval ſe
preſentoit de ſon air dans la juſteſſe de ſa piſte, le Chevalier prendra ce temps, & l'aidera tout doucement,
pour l'obliger de faire un quart de volte : puis s'il obeyt,
le fort careſſer, & continuer ce meſme paſſeige, prenant
de fois à autre le temps qu'il ſe preſentera, faiſant comme deſſus ſans l'ennuyer ; au contraire le careſſer à propos : car les careſſes ſont les principales choſes qui obli-
gent le cheval à contenter le Chevalier, aimant bien mieux
qu'il execute ce qu'il ſçait ſur l'eſperance des careſſes, &
pour le plaiſir qu'il en reçoit, que par l'apprehenſion & le
déplaiſir des coups.

LE ROY.

Il ſemble que le cheval eſtant reduit au poinct que
vous dites, peut facilement executer cette leçon. Mais
auſſi ſi le cheval ne ſe preſentoit de luy-meſme comme
vous deſirez, que faudra-il faire ? Car il y peut avoir
beaucoup de chevaux qui ne ſe preſenteront pas d'eux-
meſmes.

PLUVINEL.

SIRE, ſi le cheval ſe preſente, tant mieux ; c'eſt ce
que je deſire, parce que par là il me teſmoigne ſa gentilleſſe, ſa bonne memoire, & ſa bonne nature à obeyr,
qui eſt le chemin de bien-toſt avoir acquis les plus
X gran-

grandes juſteſſes. Mais auſſi s'il ne ſe preſente de luy-
meſme, je deſire que le Chevalier en le paſſeigeant, luy
faſſe ſentir en s'anervant dans la ſelle tout doucement,
tantoſt un talon, tantoſt l'autre, puis quelque petit coup
de gaule pour l'animer & l'obliger de ſe preſenter, & lors
qu'il le ſentira venir à ce qu'il deſire, il pourra s'eſtendre
plus vigoureuſement ſur les eſtrieux, & dans la ſelle; puis
en prenant le bout des reſnes à l'inſtant que ſon cheval
ſe preſentera, l'aider de la langue, & des autres aides, ſelon le beſoin, pour luy faire faire un quart de volte, ou
un peu plus, ſelon le jugement du Chevalier : & où tous
ces petits advertiſſements ne ſuffiroient pour obliger le
cheval de ſe preſenter, le Chevalier, en reprenant le bout
Figu- des reſnes, l'aidera franchement de la langue, & de la
n 23. gaule ſur le devant; auſquelles aides s'il refuſe de ſe lever, il luy doit donner un bon coup des deux talons, pour
le chaſtier de ſon refus, puis recommencer de fois à autre,
afin de l'obliger à eſtre touſiours preſt à faire la volonté
de l'homme.

LE ROY.

Je vous ay autresfois ouy dire, que la plus grande difficulté que le cheval ait, eſt de tourner en maniant, & de
plier. C'eſt pourquoy, encor que le cheval ſe preſente,
comme vous avez dit cy-deſſus, à faire quelques courbettes par le droit, s'il faiſoit difficulté de tourner facilement, & de plier en maniant ſur les voltes, quel moyen
tiendriez-vous pour le faire arriver à les faire comme
vous deſirez ?

PLVVINEL.

SIRE, je ſuis bien aiſe dequoy voſtre Majeſté m'in-
terroge de la ſorte, pource que veritablement c'eſt la
ſeule pierre d'achoppement preſque en toutes ſortes de
chevaux qui naturellement ſont unis, que celle de tourner,

Notice en Ches

Planche pour la Figure 29.   Figure 29   à remettre à droit   Nl de 91   N. L. g.

ner , & de plier fur les voltes : car il s'en treuve qui manient en avant, de cofté,& en arriere, qui s'accommodent
difficilement à tourner & à plier : neantmoins peu de chevaux le refuferont s'ils ont efté travaillez à l'entour du pilier , & entre les deux piliers, comme il faut : & au fortir
de là paffeigez bien à propos , le Chevalier s'eftant fervy
prudemment de la main , & des talons , en pratiquant
toutes ces leçons : leur ayant gaigné la memoire , l'haleine , & toutes les chofes que cy-devant j'ay fait entendre
à V. M. Toutesfois foit qu'on euft manqué de bien pratiquer les leçons que j'enfeigne , fuivant mon intention :
ou que veritablement il fe treuvaft quelque cheval parmy
un grand nombre , dont la difficulté de fa nature , ou fon
impatience , l'empefchaft de tourner , de plier , & de fe
tenir jufte au gré du Chevalier : il faudra à tel cheval le
promener rondement de pas fur les voltes , puis partager
la volte en quatre, & l'arrefter fur chafque quartier,droiét
& jufte ; & comme il aura la pratique de s'arrefter droiét
& jufte , à chafque fois que le Chevalier l'arreftera , il le
levera en une place quatre courbettes feulement fans
tourner,puis continuera tournant de pas, arreftant,levant
quatre courbettes en une place jufques à ce qu'il foit affeuré à cette leçon.

LE ROY.

Apres m'avoir dit quel bon effeét vous trouvez à cette
leçon, vous continuerez voftre difcours.

PLUVINEL.

SIRE , le bon effeét que j'y rencontre , eft que le
cheval prend la patience de tourner & de plier de pas juftement , & de s'arrefter jufte fans inquietude , à chaque
fois que le Chevalier le defire : le bien commencer une
courbette quand il luy plaift , & d'en continuer jufques à
quatre de ferme à ferme , fans faire defordre , ce que le
cheval

cheval peut aifement, l'ayant appris hors de là. Et lors qu'il
en eft reduit à ce point, au lieu de faire les quatre courbettes en une place, le Chevalier doit tourner doucement
la main, & en aidant bien à propos, il pourra comme in-
Fig. fenfiblement obliger le cheval à faire les quatre courbet-
n 24. tes en tournant. Il y a encores une autre leçon pour le
cheval, de mefme humeur que celuy duquel je parle, laquelle à quelques uns reüffit auffi bien, & quelquesfois
mieux, encor que l'une & l'autre foient bonnes, qui fe
pratiquent en cette forte : C'eft qu'il faut au lieu d'une
volte ronde, en faire une carrée affez large, que le Chevalier faffe cheminer fon cheval de cofté, fur une des lignes du carré, puis que les pieds de devant faffent un
quart de rond pour gaigner l'autre face du carré, fans
que les pieds de derriere bougent presque de leur place,
& qu'ils faffent un angle presque droit, puis continuer
ainfi fur tous les quatre coftez : & lors que le cheval aura
bien recognu cette leçon de pas, il faudra continuer à
cheminer de cofté, de pas, & faire toutes les quatre en-
cogneures à courbettes ; de la mefme pifte qu'on les aura
fait recognoiftre au cheval, en l'arreftant au commencement & à la fin des courbettes, continuant avec prudence cette leçon, fans ennuyer le cheval jusques à ce qu'il
obeyffe franchement & fans contrainte. Ce qu'eftant, le
Chevalier, pour l'advancer davantage à ce qu'il defire, au
lieu de la volte juftement carrée, il fera un carré long, &
conduira le cheval à cofté fur l'une des lignes, puis eftant
au bout, il prendra un demy rond des efpaules, fans que
les pieds de derriere cheminent que fort peu, jusques à ce
que la tefte aye gaigné l'autre ligne droitement oppofite :
& ainfi continuera de pas ; & lors que le cheval recognoi-
ftra bien fa pifte, il le levera au bout des lignes à courbettes, en arreftant avant que commencer & en finiffant : &
en bien pratiquant ces leçons fuivant le plan qui en eft
tracé en la planche fuivante, le cheval s'accouftumera à

la

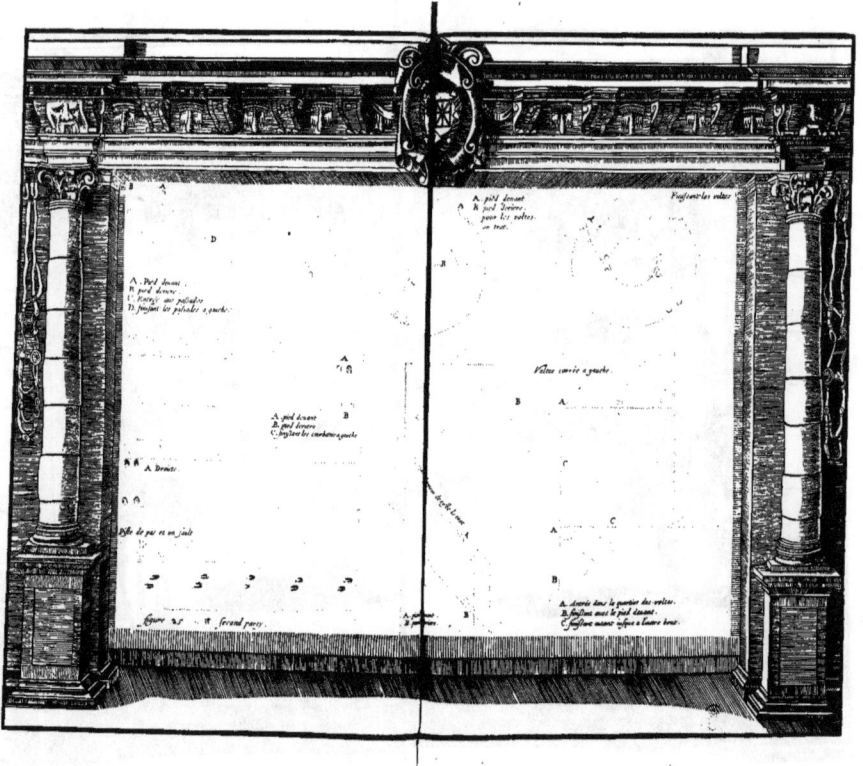

A. Pied devant.
B. pied derriere.
C. Entrée aux pallasses.
D. souslant les pallasses a gauche.

A. pied devant
B. pied derriere,
pour les voltes
en trot.

Volte courte a gauche

A. pied devant
B. pied derriere
C. hoystent les enarkenn a gauche

A. Droitte.

A. Drotte.

Passe de pas en saut

A. Entrée dans le quartier des voltes.
B. soustien avec le pied devant.
C. soustien auant iusques a leutre bout.

Figure 25.   H. second partye.

la patience, à porter librement la tefte & les efpaules à la volonté du Chevalier, & à garder la jufte pifte de fon terrain, en fe levant franchement,& maniant à toutes les fois qu'il y eft obligé. *Figu re 25.*

LE ROY.

Je cognoy bien que ces leçons peuvent infailliblement, eftans bien pratiquées felon voftre intention , acheminer le cheval dans la jufte obeyffance que vous defirez : mais j'ay de l'impatience de le voir au dernier poinct qu'il le faut, pour eftre dit bien adjufté. C'eft pourquoy, Monfieur de Pluvinel, continuez : car je prends plaifir en la fuite de voftre difcours.

PLUVINEL.

SIRE, quand le cheval en eft là , qui tres-affeuré-ment y peut arriver (comme voftre Majefté a tres-bien jugé) le Chevalier le doit promener de pas fur les demies voltes , & qu'entre les deux demies voltes il y aye de diftance deux fois la longueur du cheval, ou environ. L'ayant promené quelque peu , il luy fera faire une demie volte jufte, puis continuera cette leçon, tant que fon cheval luy refponde librement, commençant par une , deux , trois ou plus , d'une haleine , felon ce qu'il jugera à quoy le cheval obeyra affeurément , eftant reduit à ce poinct, en y procedant (comme j'ay toufiours dit , & diray tousjours) avec jugement.

LE ROY.

Pourquoy le mettez-vous plustoft fur les demies voltes que fur une autre leçon , & quel profit y rencontrez vous ?

PLUVINEL.

SIRE, Je le fais pource qu'il eft beaucoup plus fa-
Y cile

cile au cheval de faire une demie volte seule, qu'une
volte entiere, & que dans la leçon des demies voltes,
je luy continuë,& le resouls à avoir la patience & l'obeyſſance de ſe laiſſer conduire de la main & des talons par le
droit, & en tournant à une main & à l'autre, dans la juſteſſe de la piſte que je deſire, luy gaignant bien plus facilement l'haléine, que ſur les voltes ; eſtant tres-certain
que faiſant bien une bonne demie volte, il en fera tres-aſſeurément une entiere, laquelle il redoublera tant de fois,
que ſa force & ſon haleine luy permettront.

LE ROY.

Vous croyez donc que le cheval faiſant bien une bonne demie volte, peut bien manier ſur les voltes ? Si cela
eſt, il eſt adjuſté, & n'eſt plus beſoin de le travailler, ſi-
non pour l'entretenir en bonne eſcole ?

PLVVINEL.

S I R E, Voſtre Majeſté me pardonnera, s'il luy plaiſt,
il eſt encores neceſſaire de quelques leçons, pour rendre
le cheval qui en eſt là, au poinct où je deſire, qui eſt de
luy apprendre à bien manier de coſté ; ce que le Chevalier peut en le promenant de pas de coſté, de la main, &
du talon ; puis obeyſſant bien de pas, le lever deux ou
trois courbettes à la fois, continuant ainſi de pas & à
courbettes, ſelon le jugement & la diſcretion, tant que le
cheval obeyſſe franchement, & reprenne d'un talon &
de l'autre, ſans s'arreſter, tant de fois qu'il plaira au Chevalier : puis il luy faut continuer la meſme leçon de coſté
deçà & delà ; mais au lieu qu'en cette premiere je ne deſire pas que le Chevalier le laiſſe advancer, au contraire
je veux qu'il continuë cette leçon en avant, tant d'un talon que de l'autre; ce que le cheval fera fort facilement,&
le treuvera plus aiſé, en ce qu'allant en avant, il n'eſt pas
ſi contraint qu'allant de coſté ſans advancer ; mais pour

Figu-re 26.

ce

ce faire, l'aide de l'homme eſt un peu differente, pource
que de coſté ſans aller en avant, le Chevalier n'a à faire
qu'à empeſcher que ſon cheval ne le transporte, en le ſoû-
tenant, & portant la main doucement du coſté où il veut
qu'il aille, approchant le talon, ſçavoir eſt à main gauche
y porter la main, & aider du talon droit, ſouſtenant du
gauche, ſi beſoin eſt : & à main droite, y porter la main,
ayder du talon gauche, en ſouſtenant du droit, ſelon la
neceſſité. Mais pour aller de coſté en avant, ſi c'eſt à main
droite, il faut porter la main, comme dit eſt, en la ſouſte- *Figu-*
nant, & de plus ſouſtenir le cheval des deux talons en *re 27.*
chaſſant en avant, & l'aider du talon gauche plus que du
droit ; continuant ainſi à l'autre main juſques à ce qu'il
reſponde librement.

L E   R O Y.

A quoy trouvez-vous que cette leçon de coſté en
avant puiſſe ſervir, puiſque le cheval ſçait desja manier
de coſté ?

P L U V I N E L.

S I R E, Il eſt tres-neceſſaire que le cheval ſçache
manier de coſté en allant en avant, pour ce qu'en maniant par le droit, s'il ſe jettoit ſur un talon, ou ſur l'autre, & qu'il ne fuſt accouſtumé à prendre les aides d'un
talon ſeul en allant en avant, on ne le pourroit pas re-
dreſſer ſans desordre, & ſans perdre la cadence, d'autant que ſentant approcher un talon plus que l'autre, il
penſeroit qu'on le vouluſt faire aller de coſté ſeulement :
mais eſtant accouſtumé à prendre l'aide d'un talon, ou
de l'autre, en allant en avant, cela le redreſſera aſſeure-
ment, ſans qu'il manque ny à ſa cadence, ny à ſa bonne
poſture : au contraire par là il fera paroiſtre ſon extréme
obeyſſance.

L E

LE ROY.

Je croy que le cheval qui obeyt jufques là, eft au periode de la perfection des plus grandes juftefles.

PLVINEL.

SIRE, il s'en faut encore un article qu'il ne foit tout à fait digne de fe dire parfaitement achevé, qui eft d'aller en arriere : & pour luy apprendre, le Chevalier le doit conduire le long d'une muraille, & le tirer doucement en arriere de pas : puis luy ayant fait recognoiftre, le lever deux ou trois courbettes ou plus en une place, & tirer en arriere deux ou trois pas, & ainfi aller levant & tirant en arriere de pas, par quatre ou cinq reprifes; remarquant le Chevalier que pour faire manier le cheval par le droit, fur les demies voltes, fur les voltes, & de cofté, il faut peu aider de la main, fi ce n'eft en la fouftenant, ou en la tournant; mais en arriere, il eft befoin de l'aider de la main à tous les temps, le tirant doucement comme le devant retombe en terre, & auffi l'aider des talons, un peu plus en arriere, fans s'anerver fi fort fur les eftriers, & fans porter beaucoup le contrepoids du corps fur les hanches, comme aux autres manimens du cheval. Ce qu'eftant executé bien à propos, le cheval fans doute fera bien-toft quelques courbettes en arriere; auquel cas, il le careffera fort, & continuant de le contenter, il prendra garde de ne l'ennuyer pas, pour ce que volontiers ils fe fafchent plus de manier en arriere que de toute autre forte de maneige. Ayant continué cette leçon quelques jours, en le desennuyant (toutesfois au commencement par quelques voltes ou demies voltes,) il treuvera que fon cheval y obeyra franchement, & lors il le pourra dire parfaitement ajufté.

LE ROY.

Quelle eft la fin & la conclufion de toutes les juftefles?

PLV-

PLUVINEL.

SIRE, ce font les bonnes voltes bien rondes, lefquelles il faut que le cheval face larges, moyennes, &
eftroites, à la difcretion du Chevalier : car, commé j'ay
dit au commencement de mon premier difcours, tout ce
que le cheval treuve le plus difficile, eft de tourner & de
manier fur les voltes. C'eft pourquoy je commence & fi-
nis par là : & lors que franchement le cheval fait des voltes de la forte que je les viens de dire, il eft à la perfection de toutes les juftefles ; ce qu'il ne pourroit executer, s'il n'avoit paflé par toutes les obeyflances que j'ay
fait remarquer à voftre Majefté ; lefquelles acquifes, il
peut veritablement manier fur les voltes, & changer de
main jufte fans fortir du rond: ce qu'autrement il ne pourroit executer, ny le Chevalier s'affeurer de le faire manier
juftement à toutes heures.

LE ROY.

Pourquoy eft-il neceflaire que le cheval aye paflé par
tant de leçons diverfes,pour bien manier fur les voltes, &
changer de main ?

PLUVINEL.

SIRE, il faut premierement, pour conduire fon cheval rondement fur les voltes, qu'il fouffre la main, qu'il
y obeyfle, qu'il aye bon & jufte appuy, fans branler la
tefte pour quoy. que ce foit, qu'il aille en avant pour
les talons ; & qu'il s'arrefte à toutes les fois qu'il
plaift au Chevalier ; qu'il obeyfle aux talons deça & delà, qu'il fe leve, & prenne une cadence jufte & égale,qu'il
fouffre les aides & les chaftimens de la main, & des talons ; pource que fi le cheval allant fur les voltes, n'a-
voit l'obeyflance parfaicte de toutes ces chofes, il ne
pourroit pas fe laifler conduire d'une pifte large des

Z   efpaules,

eſpaules , & eſtroit des hanches ; large des hanches , &
plus eſtroit des eſpaules ; allant trop en avant , eſtre retenu ou trop retenu , eſtre porté en avant, ny changer de
main à tous les temps ; bref , en un mot , faire toutes les
figures qu'il plairoit au Chevalier , ſans cette parfaicte cadence & obeyſſance de la main & des talons en toutes
les ſortes dont j'ay diſcouru à voſtre Majeſté. C'eſt pourquoy , (S I R E) je n'ay point parlé du moyen qu'il faut
tenir pour apprendre au cheval à changer de main , puis
qu'en eſtant à ce poinct , il le peut faire à tous les temps
qu'il plaira à celuy qui eſt deſſus. Voſtre Majeſté pouvant
demeurer tres-certaine , qu'allant bien par le droit en arriere , de coſté en une place ſur les voltes , & ſur les de-
Figu- mies voltes ; il peut tres-aſſeurément changer de main ſur
n 29. les voltes, à toutes les fois qu'on voudra , ſans ſortir de la
juſte piſte qu'on luy aura marquée.

LE   ROY.

Voilà donc le cheval ajuſté de tout point, à courbettes &
terre à terre, au moins comme j'eſtime. C'eſt pourquoy,
Monſ.de Pluvinel,dites moy s'ily a encore quelque choſe à
faire pour mener les chevaux à une plus grande perfection?

PLUVINEL.

Non,(S I R E) car tout cheval qui eſt arrivé à ce poinct,
ſe peut dire parfaictement dreſſé , & tres-digne de ſervir
V. M. ne ſe pouvant pas ſouhaiter d'avantage à un cheval
terre à terre & à courbettes,que ce que je luy ay fait entendre. Partant (S I R E) je finiray icy la ſeconde partie
de cét ouvrage , afin de n'ennuyer pas V. M. par un trop
long diſcours , que je continueray touſiours quand elle
aura agreable de me le commander.

LE   ROY.

Ce ſera donc pour demain le reſte. Mais je veux que
pour

pour conclure cette feconde partie, vous me faciez entendre la raifon pourquoy vous faites travailler certains chevaux avec des lunettes en leur donnant leçon, ne leur oftant point tant qu'elle dure.

SIRE, Il y a des chevaux, mais fort peu, (& peuteftre pas un entre mille) qui font fi coleres, impatiens, pleins de feu, fi ennemis de l'obeyffance, fi fenfibles, & avec fi peu de memoire à retenir le bien, que le plus fouvent ils entrent en de tels descfpoirs, qu'ils fe precipitent par tout, quelque peril qu'il y aye, fans apprehender quoy que ce foit. Aufquels chevaux fi on leur mettoit des lunettes pour leur empefcher partie de cette fafcheufe colere, ils ne laifferoient de faire les mefmes chofes, pource qu'ils ne font point plus aveugles avec les lunettes que lors que le defefpoir les faifit, qui leur fafcine les yeux de telle forte, qu'ils ne s'apperçoivent de quoy que ce foit, quelque peril qu'il y ait. Mais'auffi il y en a d'autres dont la colere n'eft pas fi violente, & dont la memoire eft fi delicate, & l'efprit fi aifé à deftourner, que le moindre objeƈt qui fe prefente devant eux durant la leçon, ils ne fongent nullement à ce qu'on effaye de leur faire concevoir: c'eft pourquoy à tels chevaux il eft fort bon de leur donner leçon avec de lunettes ; eftant tres-certain qu'ils apprennent mieux la cognoiffance & obeyffance de la bride, & des efperons, parce qu'ils ne peuvent avoir d'apprehenfion ny de divertiffement. Et quand ils fçavent manier, ils executent bien plus facilement & avec plus de legereté à la main de la bride, toutes fortes de maneiges : c'eft à fçavoir en une place, par le droit, de cofté, & en arriere : car fur les voltes, il fe faut bien donner de garde de les y faire manier pendant qu'ils ont les yeux bouchez, parce qu'ils s'eftourdiroient & tomberoient affeurément. Et peut le Chevalier tirer de grandes
des

des utilitez , & se faciliter une prompte voye pour adjuster son cheval par le moyen des lunettes , en ce qu'il luy
apprend sans inquietude & sans divertissement à obeyr à
la main de la bride & aux talons. Et le prenant à pied par
une des resnes tout prés de la branche du mors , avec une
main, le tirant en avant, puis le faisant reculer, le poussant
sur la main droite , le tirant sur la gauche : & en changeant , le prenant de l'autre main , puis passant de l'autre
costé du cheval , le pousser sur la main gauche, le tirer sur
la main droite , & le frapper doucement au ventre du
manche de la houssine , pour luy faire fuyr la croupe de
l'autre costé : tellement que par cette methode bien pratiquée à propos , on luy apprend tous les mouvemens de
la main de la bride , lesquels sçachant , & fuyant le coup
au ventre , on le peut aprés porter deça & delà comme
on veut, en le tenant, comme j'ay dit , d'une main par les
branches du mors , & le frappant de l'autre au ventre.
Vostre Majesté peut donc cognoistre , comme il y a
quelques chevaux ausquels ce moyen est tres-propre
comme le plus doux, le plus brief, & le plus certain pour
leur apprendre l'obeyssance de la main , & des deux talons, que j'ay tousiours dit estre le seul secret de la science dont j'ay l'honneur d'entretenir vostre Majesté.

Fin de la deuxiesme Partie.

L' I N-

L'INSTRVCTION
DV ROY,
EN L'EXERCICE
DE MONTER A CHEVAL.

Par Messire ANTOINE DE PLUVINEL, Escuyer
principal de sa Majesté.

TROISIESME PARTIE.

LE ROY.

MONSIEUR de Pluvinel, reprenez le discours que vous laissastes hier, & me dites
quels autres airs il y a apres celuy de terre à
terre & de courbettes ; Bref, entretenez moy
de tout ce qui dépend de la cognoissance de
cét exercice : car je ne veux pas ignorer aucune chose qui
en depende.

PLUVINEL.

SIRE, encor que mon humeur ne soit pas de parler
beaucoup, aimant davantage les bons effects que la su-
perfluité de paroles : neantmoins le commandement, que
vostre Majesté me fait, joint à la louable curiosité qu'elle
a d'apprendre la vertu, m'a donné un contentement si
parfaict, que ce sera la seule cause qui m'obligera de
donner au public un tesmoignage du ressentiment que
j'en ay, en traçant sur le papier partie du discours dont
vostre Majesté a agreable que je l'entretienne. Il y a
donc (SIRE) sept sortes d'airs qu'on peut apprendre
aux chevaux : mais à present on n'en pratique que quatre,
qui sont le terre à terre, les courbettes, dont j'ay desja

A a   parlé

parlé à voftre Majefté, les capreoles, & un pas un fault, que anciennement on nommoit le galop gaillard.

LE ROY.

Puis qu'il me refte encor à fçavoir le maneige des capreoles, & d'un pas un fault, commençons par les capreoles, & me dites ce que c'eft.

PLUVINEL.

SIRE, Les vrayes & bonnes capreoles ne font autre chofe que des faults que fait le cheval à temps dans la main & dans les talons, fe laiffant fouftenir de l'un, & aider de l'autre : foit en avant, en une place, fur les voltes, & de cofté. Neantmoins tous les faults ne fe peuvent nommer capreoles; mais ceux là feulement qui font hauts & eflevez tout d'un temps, & le cheval eftant en l'air à la fin de fa hauteur, qui efpare entierement des deux pieds de derriere, en faifant refonner la jointure des deux jarets, & qui continuë cette action, tant que fa force & fon haleine dure, y employant toute fa vigueur.

LE ROY.

Je croy qu'il fe trouve fort peu de chevaux qui foient capables de bien manier de cet air : C'eft pourquoy dites-moy les qualitez qu'il faut qu'ils ayent.

PLUVINEL.

SIRE, il fe treuve à la verité fi peu de chevaux qui puiffent naturellement bien manier à capreoles, que je n'en ay jamais veu en voftre Royaume que quatre, qui avec force & legereté tout enfemble, ayent manié de cet air; & encor des quatre je n'en ay veu qu'un qui aye atteint cefte perfection; c'eftoit (SIRE) un Courtaut que j'avois dreffé à Monfieur le Grand, le parangon veritablement de tous les plus excellents faulteurs qui fe foient veus en nos temps.

LE

LE ROY.

Monſieur le Grand , dites-moy quel cheval c'eſtoit que
cet excellent ſaulteur, auparavant que paſſer outre. •

MONSIEUR LE GRAND.

SIRE , Monſieur de Pluvinel vous dit vray , en vous
loüant ce cheval, pour ce que c'eſtoit le plus excellent, que
je croy, qui aye jamais eſté de noſtre temps & de celuy de
nos Peres, voire de memoire d'homme. Car il manioit parfaictement à toutes ſortes d'airs ; à capreoles , à un pas un
ſault , à courbettes , & terre à terre , & ſi ſçavant & obeyſſant, que je luy ay veu tout d'une haleine changer d'air ſous
Monſieur de Pluvinel, à tous les temps qu'il luy plaiſoit : de
tous les quatre que je viens de dire , ſans luy desrober un
ſeul temps des autres airs, tant il eſtoit parfait en obeyſſance, en force & en diſpoſition : ayant compté quatre-vingt-
trois capreoles qu'il a faites d'une haleine ſous le Sieur de
Betbezé que voilà, qui eſtoit encor page de voſtre Majeſté,
& avec tant de gayeté,qu'il en euſt peu encor bien faire davantage s'il euſt pleu à Monſieur de Pluvinel : en quoy ,
SIRE , je loüe fort ſa couſtume de ne deſirer rien tirer
d'un cheval qu'à peu prés la moitié de ce qu'il peut; la treuvant appuyée d'une fort bonne raiſon , qui eſt que faiſant
autrement , le Chevalier & le cheval perdent toute leur
bonne grace ; pource que ſi le cheval vient à s'affoiblir de
force & d'haleine en maniant , il faut neceſſairement que
les aides du Chevalier ſoient plus grandes & plus apparen-
tes , perdant par ce moyen la bonne grace en leur action.
Voilà pourquoy de crainte de tomber en cet inconvenient,
on voit Monſieur de Pluvinel eſtre touſiours en meſme poſture , droit à cheval , ſoit qu'il le face manier , ou aller de
pas : luy ayant ouy dire aſſez ſouvent , que le Chevalier ,
pour avoir bonne grace en faiſant manier ſon cheval , ne
doit point remuer que tout doucement le bras de la houſſine,

ne, en la faifant fiffler haut & bas, deça & delà, ny faire
paroiftre les autres aides, pour obliger ceux qui le regar-
dent, à croire que fon cheval eft fi gentil & fi bien dreffé,
qu'il va tout feul de fa bonne volonté, & quafi comme un
miracle en nature, qui eft veritablement la perfection du
Chevalier & du cheval. Mais pour encor entretenir voftre Majefté des rares qualitez de mon cheval, il a fait
des coups fi excellens & pour rire, que Monfieur de Pluvinel peut l'affeurer, que jamais perfonne n'a monté deffus,
s'il ne l'a adverty auparavant de le faire manier, qu'il n'aye
jetté par terre.

          PLUVINEL.

SIRE, il eft tres-vray que perfonne n'a jamais monté
fur ce cheval qui foit demeuré en felle, fi auparavant que
de le faire manier, je ne l'ay adverty. Et cela venoit de la
nature du cheval, lequel quand il fentoit quelqu'un fur luy,
il fe laiffoit fort aifément conduire de pas ; mais lors que
l'homme le vouloit lever, la premiere action qu'il faifoit,
eftoit de prendre une demie volte à main gauche, laquelle
fi le Chevalier luy fouffroit desrober, & qu'il ne fuft adverty de l'en empefcher, il faifoit à l'inftant des contre-
temps fi rudes & fi fafcheux, que je luy ay veu rompre les
deux arçons de fa felle par la rudeffe de fon efquine : eftant
impoffible à quelque homme que ce fuft, de pouvoir fouffrir ces efforts fans quitter la felle. Et puis affeurer voftre
Majefté, l'avoir veu en une matinée jetter quatorze perfonnes par terre. Et une autre fois un qui fe difoit Efcuyer, le faifant manier en un endroit où il y avoit quelques
petits arbres, il l'enleva fi haut par deffus la felle, (en prefence de plus de deux cents perfonnes) qu'il le jetta fur l'un
d'iceux. Mais la fouveraine perfection & gentilleffe du cheval eftoit, qu'aprés avoir jetté quelqu'un par terre, au lieu de
luy faire mal, il s'arreftoit tout court, l'alloit fentir, le fouffroit
relever, & fe laiffoit reprendre à luy. Je pourrois raconter à
                                                        voftre

voftre Majefté , cent tours pareils qu'il a faits; mais pour ne
l'ennuyer, je reprendray mon difcours, & diray que peu de
chevaux font propres à manier à capreoles , en ce qu'il faut
qu'ils foient premierement de grande force , tres-legers ,
nerveux, & bien fondez fur leurs jambes & fur leurs pieds,
pource que cét exercice , plus que tous les autres , les ruine beaucoup : & oferay affeurer à voftre Majefté , que
fans ma methode peu de chevaux (fi de leur inclination
feule ils ne s'y mettent) fe pourront accommoder à cette
cadence , parce qu'il s'en treuve rarement de force fuffifante & de legereté pour y fournir,qui ne foient ordinairement
impatiens, malicieux,& fe deffendent de leur force. Je laiffe donc confiderer au Chevalier judicieux , fi les chevaux
de telle nature font difficiles de reduire au pas , au trot &
au galop , fans les moyens dont je me fers, ce qu'ils feront
quand on leur voudra demander davantage. Car s'ils fe
font deffendus de pas , à plus forte raifon le feront-ils avec
furie, quand on les recherchera de plus prés : & croy que
pour en venir à bout, il y faudra employer un fi long-
temps, (fi on ne fe fert prudemment de mes reigles) que
le cheval avant avoir pris feulement la cadence des capreoles , & y eftre affeuré , fes jambes feront ufées , fa force tellement abbatuë , & fa gentilleffe fi eftouffée ,
qu'il ne. fera plus capable de faire cette action-là de
bonne grace , à laquelle pourtant pour peu qu'il face , il
n'aura pas efté reduit fans grand danger de celuy qui luy
aura mis; d'autant que (comme j'ay dit cy-deffus) tels
chevaux impatiens ne fe laiffent pas forcer fans fe deffendre ;. & durant leurs deffences , qui n'a des moyens
fermes pour les retenir , il y a grand danger, que fouvent l'homme en reffente du mal : pource qu'en ce
maneige icy plus qu'aux autres le Chevalier doit ufer
de fageffe , de patience , & de jugement pour prevoir
aux accidents à venir, qui font bien plus grands pour
l'homme , qu'aux autres airs , d'autant que le cheval

B b   prend

prend plus de fougue , & de colere aux faults , laquelle eſt plus dangereuſe , en ce que les temps ſont plus incommodes qu'à aucune autre action qu'on luy puiſſe faire executer : tellement qu'il faut que le Chevalier ſoit bien plus conſideratif à prevoir ſa malice avant qu'elle arrive , pour y donner le remede qu'il verra bon eſtre ; ce qu'il fera pourveu qu'il ſoit experimenté en ſa ſcience : car cela eſtant , il jugera par l'action & la phyſionomie du cheval, le bien ou le mal qu'il doit faire avant que de l'avoir executé.

LE ROY.

Je croy que veritablement il faut avoir un grand uſage en cet exercice, pour cognoiſtre par la phyſionomie du cheval, le bien & le mal qu'il doit faire avant que de l'avoir executé. C'eſt pourquoy cela ne ſe pouvant pas enſeigner certainement que par la pratique , paſſez outre , & me dites les moyens qu'il faut tenir pour dreſſer le cheval à capreoles.

PLUVINEL.

SIRE , Ie commence touſiours le cheval d'une meſme façon, & par ce qu'il trouve le plus difficile, qui eſt de tourner. C'eſt pourquoy je le mets au pilier ſeul ſans perſonne deſſus, comme cy-devant j'ay fait voir à voſtre Majeſté. Et là je taſche de luy gagner l'obeyſſance au pas , au trot, & au galop, à ſouffrir la main , à s'y laiſſer conduire , attaché entre les deux piliers à fuyr la gaule deça & delà. Et lors que ſans danger je puis mettre un homme deſſus, je luy fais faire ſous luy la meſme choſe : & ainſi continuant, je tache de le deliberer terre à terre , & luy donner l'obeyſſance d'aller en avant , & de fuyr les talons auparavant que de le rechercher de plus prés : & lors que je le juge aſſez deliberé, & qu'il ne ſe retient point, je le fais lever haut devant à la fin de la leçon, l'obligeant le plus que je puis, de fort plier les jambes , en le frappant deſſus doucement , ou ferme ,

pour

Figur. 9. l. pan.

pour d'avantage embellir son air : car tous les chevaux ma-
nians par haut , ou à courbettes, ont bien meilleure grace
quand ils plient les jambes , que lors qu'ils les tiennent roi-
des. C'eſt pourquoy il eſt tres-neceſſaire de les accouſtu-
mer à les bien plier , afin qu'en rendant leur air plus beau,
ils ſoient plus legers à la main de la bride.

L E   R O Y.

Mais ſi en continuant de luy apprendre l'obeyſſance juſques au poinct que vous dites , le cheval ſe deffendoit de
ſon eſquine, & ſe fiant en ſa force,entreprenoit quelque extravagance, quel remede y apporteriez-vous ?

P L U V I N E L.

S I R E , je ne fais point de doute que les chevaux capables de manier à capreoles,ſe treuvans fiers & pleins d'orgueil
par le reſſentiment de leur force extréme , ne s'en deffendent. Mais le Chevalier prudent jugera par ſon experience
la nature de ſa deffence. Car , comme j'ay dit en quelque
lieu cy-devant,ſi la deffence ſe fait en avant, & que ſon deſſein ne ſoit que d'incommoder l'homme qui ſera ſur luy,
avec un grand nombre de ſaults , tant s'en faut qu'il le faille
chaſtier , (encore que ce ſoit par deffence) au contraire il
ſera beſoin le laiſſer ſauter & employer ſa force ; taſchant
parmy ces ſaults en avant , de gagner l'appuy & l'obeyſſance de la main , & regler une cadence eſgale à ce qu'on
deſire : pource que ce ſera touſiours autant de gagné ſur
le cheval , qui peut-eſtre en cette deffence rencontrera de
la facilité en l'execution de ce qu'on luy demande,qu'il pra-
tiquera ſans aucun refus pour le plaiſir de l'homme. Ce qui
n'arriveroit pas ſi on ſe vouloit opiniaſtrer à empeſcher le
cheval d'employer ſa force , & ſa legereté , ſoit de bonne
volonté, ou en ſe deffendant. Mais auſſi s'il employoit cette force par malice,s'opiniaſtrant à ne vouloir aller en avant,
il faudroit le fort deliberer pour la peur, ou pour le coup de
la

la chambriere , voire mefme des talons , (les cognoiffans) à
aller en avant, à toute bride, ou terre à terre determiné , (fi
il en fçavoit la cadence.) Bref, il ne faut jamais que le cheval aille en arriere, fi ce n'eft pour le plaifir de l'homme.

LE ROY.

Ie cognois par voftre difcours qu'il y en a beaucoup qui
faillent par ignorance, en s'opiniaftrant à faire faire au jeune cheval ce qu'ils defirent, comme s'ils ont deffein de le faire trotter ou galoper, & qu'il fe mette à fauter, encor qu'ils
facent ces fauts en avant, ils le chaftient , le veulent rabaiffer , quoy qu'il foit leger & plein de force ; ce que je voy
par vos raifons eftre veritablement un erreur : mais fi le
cheval ne fe deffend pas, quelle methode tenez-vous pour
luy apprendre les capreoles ?

PLVVINEL.

SIRE , quand le cheval obeyt à ce que j'ay dit cy-deffus , & qu'il eft bien libre de fe lever haut devant , en bien
pliant les jambes , je commence fa leçon toufiours par le
terre à terre. Puis l'ayant fait attacher entre les deux piliers, les cordes un peu courtes, pour luy apprendre à lever
le derriere & ruer des deux jambes à la fois, je le touche de
Figu-
re 32. la houffine fur la croupe pour l'obliger à ruer: s'il y obeyt, je
recompenfe fon obeyffance avec nombre de careffes ; fi auffi il n'y refpond affez vigoureufement , je luy fais prefenter
& toucher, s'il eft befoin, proche du ply de la feffe d'un long
bafton, qui a environ cinq ou fix pieds de long, & une petite
pommette de fer au bout, qui fert de molette d'efperon, &
par ce moyen il n'y a cheval qui n'apprenne à ruer facilement. Mais pource qu'il eft befoin que ce foit efgalement
des deux pieds de derriere, il faut mettre un bafton de chafque cofté jufques à ce qu'il le cognoiffe , & lors en le
voyant approcher, il luy obeyra fans nulle difficulté fans en
eftre touché , pourveu que la difcretion y foit obfervée :

Et

Et ainſi peu à peu on luy apprendra à ruer par l'aide de la houſſine ſeulement, ſoit en le touchant, ou par le bruit & ſifflement qu'elle fera. Mais s'il faiſoit le pareſſeux, le Chevalier qui ſera deſſus, prendra un petit baſton de demy pied de long dans ſa main droite, lequel aura une petite pointe de fer à l'un des bouts, duquel il le piquera ſur le milieu de la croupe, avec telle diſcretion que le cheval ſe puiſſe appercevoir que s'il ne ruë, il eſt piqué, & s'il obeyt, il ne l'eſt ny du baſton, ny du poinçon; & ſuffira que cette obeyſſance premiere s'eſtende à une ruade, juſqu'à ce qu'il ſoit bien aſſeuré à la faire pour la houſſine ſeulement, à toutes les fois qu'on luy demandera. Mais il faut bien prendre garde de ne mettre perſonne deſſus entre les deux piliers, qu'il ne cognoiſſe l'aide de la gaule & des baſtons, & qu'il n'y reſponde librement.

LE ROY.

Je croy qu'il faut que toutes ſortes de chevaux ruent par cette voye, quoy qu'ils n'euſſent la force aſſez pour manier à capreoles : mais ces ruades-là n'eſtans pas ce que vous nommez capreoles, vous me direz le moyen comme quoy vous y faites venir le cheval.

PLUVINEL.

S I R E, Voſtre Majeſté remarquera, s'il luy plaiſt, que toutes ſortes de chevaux n'apprennent à manier que par les bonnes couſtumes. C'eſt pourquoy il les y faut apprendre : & pour parvenir à faire une bonne capreole, il faut commencer par ce qui eſt le plus difficile au cheval, qui eſt de ſe lever haut devant & plier les jambes : puis aprés il eſt beſoin de l'obliger à ſe lever derriere par la methode que j'ay declarée à V. M. Puis quand il obeyt à ſe lever devant, & qu'il ruë pour les aides des baſtons, du poinçon & du ſon de la houſſine, alors il faut aſſembler ces deux choſes en une, en cette ſorte: qui eſt lors que ce-

C c

luy

luy qui eſt deſſus, levera devant comme il retombera à terre ; il faut preſenter les baſtons , & ſans doute , les recon-
noiſſant il ruëra, & en reſpondant de la ſorte à cette aide, il
fera une bonne capreole , laquelle redonnant à toutes les
fois qu'en levant devant, on luy preſentera les baſtons, en fin
il la fera pour l'aide de la gaule. Et quand il la ſçaura bien
faire bonne, il ſera à propos gagner ſur ſon haleine peu à peu,
luy en faiſant faire deux & trois ; continuant de cette ſorte
ſans le forcer par pluſieurs repriſes, le plus doucement qu'il
ſera poſſible : d'autant que c'eſt une choſe tres-aſſeurée, que
l'air des capreoles ne ſe doit , ny ne ſe peut forcer , comme
les autres airs de terre à terre , & de courbettes.　De cette façon en le travaillant avec jugement , on portera le
cheval à faire autant de capreoles, que ſa force & ſon haleine le pourront permettre. Eſtant tres-certain que celuy qui
ſçait faire trois bons ſaults ſans intervalle entre deux , il en
fera tant qu'il plaira au diſcret Chevalier : ayant eſprouvé &
cognu par experience , que trois bonnes courbettes , trois
bonnes capreoles, trois bons temps d'un pas , un ſault , &
trois bonnes demies voltes terre à terre , ſont les certaines
preuves que le cheval qui les ſçait bien faire , eſt tout dreſſé , pourveu qu'il ſoit entre les mains de quelque ſage Chevalier, lequel en bien continuant, le peut en fort peu de temps
adjuſter & gagner toute ſon haleine.

L E　R O Y.

Quand le cheval eſt aſſeuré entre les deux piliers à ſe lever devant pour l'aide de la langue & de la gaule , que fai-
tes-vous aprés ?

P L V V I N E L.

SIRE, aprés avoir commencé terre à terre à l'entour
du pilier ſeul, pour deſennuyer le cheval , je le fais attacher entre deux piliers , les cordes du caveſſon un peu
longues. Et là en le ſouſtenant de la main, je taſche à
luy

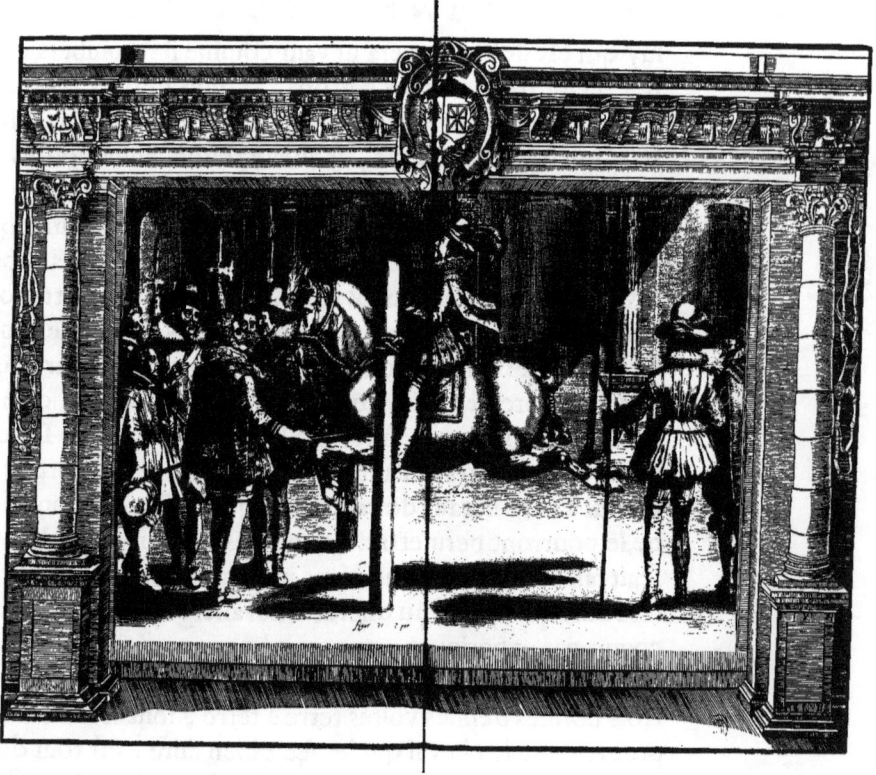

luy faire faire un, deux, ou trois fauts, fans qu'il s'appuye fur
les cordes du cavefſon, afin de luy donner la pratique de fe
mettre dans le jufte appuy, & de le fouffrir, ce qui ne fe fera
peut-eftre pas en une journée, mais peu à peu, & bien-toft,
pourveu que le Chevalier travaille avec prudence, & n'ennuye point le cheval.

L E R O Y.

Je cognois bien que cette leçon eſt pour commencer à
mettre voftre cheval dans la main.

P L U V I N E L.

Ouy, S I R E, voftre Majefté a tres-bien jugé : car, comme j'ay toufiours dit, pour que le cheval foit dreſſé à toutes
fortes d'airs, ou à l'un d'iceux, il faut qu'il foit dans la main
& dans les talons. Comme donc je le cognois eftre dans
la main, & s'y fouftenant, faifant trois bons faults à toutes
les fois que je le defire avec le bon & jufte appuy, je continuë cette leçon fans paſſer outre, finon de le divertir, &
le desennuyer foit terre à terre, foit en le promenant de
pas, puis le faifant retrencher entre les deux piliers en le
levant devant & derriere de la gaule, & du poinçon fi befoin eft : j'ordonne à celuy qui eft deſſus, d'approcher fes
deux gras des jambes, & en le fouftenant tout doucement,
avec, l'aider le plus delicatement qu'il pourra des deux talons, le pinçant de telle forte, que cela n'oblige le cheval de
fe mettre en colere : & s'il refpond une fois ou deux à cette aide, luy monftrer avec force careffes & friandifes que
c'eft ce qu'on luy demande, afin de l'obliger à faire pour le
gras de la jambe, & pour les talons, le mefme que pour les
baftons, & le poinçon : n'y ayant nulle doute que tout cheval qui dans la main, & pour l'aide des baftons, & du poinçon, fera trois bons fauts, il les executera pour l'aide des
jambes & des talons, fi celuy qui le fera travailler eft intel-
ligent ; & en cette forte, il mettra fon cheval au point de
faire

faire ces fauts efgaux·dans la main·, fans s'abandonner fur
les cordes du caveffon , & de refpondre aux deux gras des
jambes , & des talons au lieu de poinçon : n'entendant
point qu'on·mette le cheval à manier fur fa foy, qu'il ne foit
affeuré entre les deux piliers à ce que je viens de dire., ny
qu'on luy donne autre leçon fi ce n'eftoit pour le divertir,
quelquesfois le promener de pas , de cofté , la tefte contre
une muraille, fe fervant de la main & des talons, puis fur les
voltes de pas feulement.

LE ROY.

Si le cheval ne vouloit obeyr à ces leçons , & particulierement à cette derniere de fouffrir les aides des talons,
fecourus du poinçon & des baftons au befoin, & qu'il fift
quelque extravagance de desefpoir, que feriez-vous pour
y remedier ?

PLVVINEL.

SIRE, Voftre Majefté a tres-bien jugé , qu'il y a des
chevaux qui fe voyans preffez, fe peuvent desefperer ; de
forte qu'au lieu de refpondre aux aides & de les fouffrir, ils
font des tours fi hazardeux pour les hommes & pour eux ,
que c'eft à quoy il faut prendre garde de présafin de les eviter : & particulierement les chevaux que l'on juge pouvoir
fournir à l'air des capreoles, comme eftans plus legers, plus
vigoureux , & par confequent fe reffentans accompagnez
de force fuffifante , pour refpondre aux moyens qu'ils vou-
dront entreprendre pour fecouër le joug de l'obeyffance,
& de la fubjeétion où il les faut mettre pour leur apprendre ce qu'on defire : eftant beaucoup plus difficile de les
reduire à la raifon , que ceux qui n'ont qu'une force fuffifante pour le terre à terre , & pour les courbettes. En ce
qu'en premier lieu , on ne peut forcer un cheval de fauter
quand il eft au bout de fon haleine , & de fa force , où l'air
des faults le met bien plustoft que les autres , l'ennuye davantage

vantage dans la continuation par la fatigue qu'en reſſentent ſes reins, ſes jambes & ſes pieds ; & par conſequent eſtant neceſſaire pour ces cauſes de faire ſes leçons fort courtes, il faut que le prudent Chevalier travaille à l'air des capreoles avec beaucoup plus de jugement, de patience, & d'invention, qu'aux autres où il peut forcer ſon cheval : recherchant ſoigneuſement toutes ſortes de moyens pour luy faire concevoir promptement ce qu'il luy demande, ſoit par courtoiſie & par douceur, ſoit par ſurpriſe, ſoit en changeant ſouvent de place où il ſeroit beſoin, ſoit en gagnant l'obeyſſance par le frequent changement des leçons, tantoſt entre les deux piliers, tantoſt la teſte à la muraille, tantoſt dans une encoigneure, ou le long d'une carriere ou allée bien droite : & ainſi ſe ſervant de tous ces moyens,des divers mouvemens de la main, de la bride, du caveſſon, des contrepoids du corps, des cuiſſes, des jambes, des talons, de la gaule, des baſtons, & du poinçon : faiſant jouër tous ces reſſors, ſelon les temps que le jugement dictera ; il eſt ſans doute qu'on gagnera ſur tel cheval que ce ſoit ce qu'on en deſire, . ſi quelque defaut de nature ne l'empeſche ; laquelle choſe eſtant, ce n'eſt plus la faute du Chevalier. Si bien que V. M. peut juger par là, ce que je luy ay desja dit cy-devant, qu'il eſt impoſſible de pouvoir dire, ny eſcrire par le menu tout ce qui eſt beſoin de faire pour reduire les chevaux à la perfection qu'on deſire d'eux. La pratique ſeule de la main du Chevalier & de ſes talons, jointe à un excellent jugement,& un long uſage dans l'exercice, eſt ce qui peut executer à temps mille & mille choſes qui ne ſe peuvent dire ny eſcrire que dans l'occaſion, & à l'inſtant qu'il eſt beſoin.

LE   ROY.

Je cognois ce que vous me racontez eſtre vray, & croy qu'il y a beaucoup de choſes qui ne ſe peuvent dire qu'à l'inſtant de l'execution. C'eſt pourquoy paſſez outre.

D d   P L U-

PLVVINEL.

Le cheval refpondant aux aides, & faifant pour icelle trois ou quatre bons faults, il faut le long d'une carriere le promener de pas, & commencer à le lever, s'il ne fe prefente. Mais s'il fe prefente bien à propos, il ne faut perdre ce temps, ains le prendre, & luy faire faire trois ou quatre capreoles, ou une ou deux felon la difcretion : & ainfi cheminant, & levant doucement, il fe mettra fans beaucoup de difficulté, & en peu de jours par le droit, où on pourra luy gagner peu à peu l'haleine fans le fafcher, & luy en faire faire tant qu'elle durera, dequoy pourtant il fe faut garder. Car jamais on ne doit mettre un cheval au bout de fa force, ny de fon haleine, fi ce n'eft dans la neceffité, pour les raifons que cy-devant j'en ay dites à voftre Majefté. Et s'il fe treuvoit quelque petite repugnance à l'obeyffance de la main, des talons, ou des aides, le cheval eftant en fa liberté & fur fa foy, il ne doit pas continuer long-temps que cette difficulté ne foit vaincuë par les moyens fufdits, de peur qu'il ne print une mauvaife habitude, qui feroit tres-difficile, voire quelquefois impoffible de luy ofter, eftans fouffertes, & n'y ayant remedié à l'origine. Le cheval eftant au poinct de cette obeyffance, pour paffer outre il fera befoin de le mettre autour du pilier, puis ayant commencé fa leçon de pas, & s'il ne fe prefente de fon air, continuer terre à terre auparavant que de le lever. Mais auffi s'il fe prefente, prendre ce temps & tirer de luy deux ou trois faults, ou plus, felon le jugement du Chevalier. Et ainfi en levant & cheminant de pas par plufieurs reprifes, pratiquant cette leçon avec prudence, il aura bien-toft reduit fon cheval à fournir une volte entiere, voire deux, & plus, fi fa force & fon haleine luy permettent, qu'il faudra gagner par difcretion. Car quelquefois les chevaux fe deffendent auffi-toft par le manquement de leur force, & de leur baleine, que par l'ignorance & par la malice.

Figure 34.

L E

LE ROY.

Quand le cheval eſt aſſeuré ſur les voltes à l'entour du pilier, que deſirez vous de plus, & qu'eſt-il beſoin de faire
pour le mettre au poinct que vous ſouhaittez ?

PLUVINEL.

SIRE, Le cheval eſtant advancé juſques là, je le fais
attacher entre les deux piliers, & aprés que celuy qui eſt *Re-*
deſſus l'aura fait aller de pas, de coſté, deça & delà pour les *à la*
deux talons, ſi le cheval ſçait manier à courbettes, je deſire *re 33.*
qu'il le leve de ceſt air-là : & qu'il luy apprenne à aller de
coſté à courbettes, ſuivant les leçons que j'ay dites cy-devant : excepté que le cheval de capreoles qui manie à courbettes, lors qu'on les luy demandera, il ſe faut bien garder
de l'aider de la langue ; pource que c'eſt pour les capreoles :
mais ſeulement de la gaule ſur le col ou ſur l'eſpaule : & la
raiſon pourquoy je deſire, s'il y a moyen, qu'on luy apprenne
l'obeyſſance du talon à courbettes, (s'il les ſçait faire) eſt
que ſa leçon en peut durer plus long-temps ſans l'ennuyer,
& par conſequent aura pluſtoſt retenu ce qu'on deſire, tant
de l'obeyſſance que de la cadence : eſtant tres-certain que
obeyſſant à la cadence des courbettes, il fera le ſemblable
à capreoles. Mais auſſi ſi le cheval ſe preſentoit de ſon air,
& qu'il y obeyt comme à courbettes, tant mieux, eſtant ce
qu'on deſire. Il luy faut faire gouſter le plaiſir de ceſte
obeyſſance par les frequentes careſſes, en le renvoyant au
logis à toutes les fois que le prudent Chevalier le jugera à
propos. Si toutefois le cheval ne ſçavoit manier à courbettes, & qu'il ne ſe preſentaſt de ſon air, lors que le Chevalier
connoiſtra qu'il obeyra de pas, de coſté franchement avec
le bon appuy dans la main ; il doit le lever de ſon air, & en
l'aidant d'un talon, luy faire faire deux ſaults de coſté, &
achever le reſte de pas ſans l'arreſter : & ainſi continuant
avec douceur, ſoit attaché entre les deux piliers, ſoit la teſte

à la

à la muraille le long d'une carriere , (fi le cheval eftoit trop ennemy des deux piliers) il maniera de cofté bien-toft pour les deux talons. Et lors qu'il refpondra franchement à la volonté de l'homme par le droit en une place , de ferme à ferme, & de cofté , le tout fous le bouton , fe laiffant conduire de la main , & prenant les aides des talons felon la fantafie du Chevalier : il fera capable de paffer outre dans la conclufion de ce qu'on doit defirer de luy.

LE ROY.

Quelle eft cette derniere conclufion ? je fuis en impatience de voir ce cheval de capreoles au dernier point de fa perfection.

PLVVINEL.

SIRE, Tout de mefme que la conclufion & la perfection des maneiges terre à terre & de courbettes font les bonnes voltes ; ainfi en eft-il des capreoles : car les bonnes voltes font la fin de tout ce qu'on en peut defirer de bon ; pour à quoy parvenir , le cheval eftant au point que je viens de dire , le Chevalier luy peut franchement donner leçon fur les voltes, en le promenant de pas affez larges , & fans le contraindre des hanches ; car à l'air des capreoles elles ne doivent point eftre dedans ny trop fubjettes, fuffifant feulement qu'il y en aye une : & fe doit fervir le Chevalier de la main, le menant rondement des efpaules , & des hanches : Puis l'ayant promené tant à une main qu'à l'autre , fi le cheval fe prefente, il doit prendre ce temps, & en l'aidant, s'il le contente pour luy donner plus grand plaifir , le renvoyer au logis quand il n'auroit faict que demie volte. Car voftre Majefté remarquera (s'il luy plaift) que ce n'eft pas la quantité qui doit contenter le prudent Chevalier, mais la franche obeyffance du cheval ; la quantité ne fervant qu'à gagner l'haleine, de laquelle quantité il ne faut fe fervir finon quand le cheval obeyt franchement,

&

& encore en faut il ufer peu à peu avec diferetion, afin de
ne l'ennuyer. Tellement (SIRE) que le fage Chevalier continuant cette leçon dans peu de jours, le cheval le contentera fur les voltes ; laquelle chofe eftant, je luy confeille de
ne luy en demander pas davantage : car de vouloir faire
manier en arriere, ce n'eft pas le propre de l'air des capreoles ; feulement il fe doit entretenir en ce point, le pouvant
affeurer qu'il y a peu de chevaux qui y puiffent arriver. C'eft
pourquoy lors qu'il s'en rencontre quelqu'un, on le doit
bien cherir, d'autant que dans les triomphes, dans les ma-
gnificences, aux entrées, & en mille autres endroits, il n'y
a rien qui donne tant de contentement, & d'admiration
aux regardans, & qui face tant paroiftre un Chevalier bien
droit, & bien adroit, qu'un cheval bien maniant à capreoles, qui eft le plus beau de tous les airs : en ce que s'efle-
vant davantage en haut, il participe plus de la qualité de
l'air, qu'auffi il eft plus rare, & que les chofes les plus rares
font ordinairement les plus eftimées : joint qu'outre tout
cela, la perfection du bon Chevalier fe cognoit à reduire
les chevaux de cet air, bien plus qu'aux autres airs, pour
les difficultez qui fe treuvent à ceux qui font capables d'y
fournir, pour les raifons que j'ay fait voir à voftre Majefté,
en la pratique de fes leçons de capreoles.

LE ROY.

Je fuis bien aife d'avoir entendu la methode entiere, &
la fuite des leçons pour conduire le cheval de capreoles à
fa perfection. Il refte à cette heure à me dire ce que c'eft
de l'air d'un pas un fault, par le moyen que vous tenez pour
y reduire les chevaux.

PLUVINEL.

SIRE, L'air d'un pas un fault eft tout different des
trois autres airs cy-deffus, & neantmoins compofé de
tous les trois, lefquels il faut que le cheval execute en ma-

E e   niant,

njant, & que les aides du Chevalier tiennent aussi de
tous les trois : tellement que le cheval maniant à un pas
un sault, on peut dire qu'il manie en mesme temps terre
à terre, à courbettes, & à capreoles. Et pour donner à con-
noistre à vostre Majesté, comme il faut que le cheval fasse
les mesmes mouvemens, & le Chevalier les mesmes aides
qu'il convient à tous les trois airs : Premierement il est besoin que le Chevalier lasche la main, afin qu'il face le pas
avec un peu de furie, comme s'il manioit terre à terre : Puis
soudain il faut tirer la main comme quand il manie à courbettes, aprés la soustenir pour luy faire faire la capreole fort
haute : & où il seroit paresseux, presser les deux talons au
ventre pour le faire advancer, en laschant un peu la main de
la bride, puis les presser encor plus fort pour le faire saulter,
en tirant & soustenant la main de la bride, jusques à ce qu'il
manie de science, & qu'il soit asseuré de sa cadence : auquel
cas le Chevalier diminuera toutes les aides, en sorte que les
regardans puissent dire veritablement, que le cheval est si
gentil & bien dressé, qu'il manie tout seul; & que par ce
moyen le Chevalier puisse demeurer juste dans la selle en
sa bonne posture, d'autant que s'il falloit aider le cheval à
tous les temps, le Chevalier & le cheval seroient tellement
desconcertez, qu'ils ne feroient plus rien qui vaille, chose
qui desplairoit grandement aux spectateurs.

LE ROY.

Je croy que cet air est tres-agreable à voir, & à sentir à
celuy qui est sur le cheval. C'est pourquoy je seray bien aise
que vous me faciez entendre la methode que vous tenez,
pour le rendre digne d'y bien manier.

PLUVINEL.

SIRE, Le cheval sçachant manier terre à terre, à
courbettes, & fournissant quelques capreoles; car le cheval
peut fournir à l'air d'un pas un sault, qu'il ne le pourroit
pas

Figure 18. 3 partie.

M. de Pas.

pas à capreoles: en ce qu'il faut plus de force à fournir à capreoles, pour ce que l'air d'un pas un fault, le cheval faifant
le pas, il reprendfa force, & fa commodité, & à l'air des
capreoles, les faults fount continuels, fans qu'il y aye d'intervalle entre-deux, qui puiffe donner moyen au cheval de
fe remettre en vigueur. Voylà pourquoy fçachant feulement
refpondre à quelques faults, à toutes les fois qu'on les luy
demandera, il le faut mettre à l'entour du pilier, où ayant
cheminé de pas, on le levera à courbettes, puis en cheminant de pas on luy demandera par intervalle un fault, &
ainfi cheminant, & levant, on l'accouftumera à fe lever
en cheminant, & refpondre au fault quand on le defirera.
Laquelle chofe fçachant le Chevalier fe faifant fuivre, &
donnant un peu de fougue d'avantage après le fault du
cheval, comme s'il le vouloit faire repartir, fe fervant des
aides que cy-deffus j'ay dites, il en tirera deux ou trois
temps: toutesfois s'il ne refpondoit franchement, & qu'il
fift quelque refus de prendre cette cadence en fe tranfpor-
tant par trop, il fera befoin de l'attacher entre les deux *Re-
courts
à la
Figu-
piliers, ou bien la tefte contre la muraille, & là le lever à
courbettes, aufquelles obeyffant comme il en aura fait une, *"Re 33.
il faut en luy monftrant le bafton, & le fouftenant de la
main & des talons, luy faire faire un fault; car eftant attaché, il ne fe pourra tranfporter en avant: & continuant
de la forte avec douceur & jugement, fans ennuyer le cheval, il aura bien-toft pris cette cadence; de laquelle eftant
affeuré, & y allant librement dans la main, & par l'aide
dès talons, il fe laiffera après facilement conduire par le *Figu-
n 36.
droit & fur les voltes, eftant defja dreffé à capreoles, finon
que ce fuft un cheval qu'on vouluft commencer de cet air
là fans le mettre à capreoles, il faut fuivre toute la mefme
methode des capreoles, n'y ayant autre difference pour le
faire venir à ce but là, finon qu'il luy faut donner la cadence
d'un pas un fault; car pour l'obeyffance & la juftesse c'eft
la mefme chofe.

L E

LE ROY.

Est-ce tout ce que vous avez à dire de l'air d'un pas un
sault, lequel je croy estre aussi agreable à sentir, comme il
est à voir ?

PLUVINEL.

SIRE, Je m'estendrois bien davantage à faire remarquer
à V. M. quantité de diverses leçons sur ce subjet : mais luy
ayant cy-devant discouru des moyens de reduire les chevaux
à l'obeyssance de l'homme, & luy ayant dit que j'estimois
asseurément le cheval obeyssant en un poinct, capable d'o-
beyr à tout, si le Chevalier travailloit avec patience, jugement
& resolution : j'ay creu, pour ne l'ennuyer point de trop de
langage, qu'il suffisoit seulement de luy monstrer quelle
estoit la cadence d'un pas un sault, & que je finisse ce discours par ce qui est le plus necessaire au Chevalier & au
cheval, qui sont les aides ; sans lesquelles ny l'un ny l'autre
ne peut rien faire qui vaille, ny de bonne grace, si elles ne
sont données par le Chevalier, & receuës par le cheval de
la sorte que je desire : qui est (SIRE) que le bon & bel
homme de cheval ne sçauroit faire trop peu d'action du
corps, ny des jambes pour l'aider : & doit fuyr tant qu'il
pourra la mauvaise coustume de ceux qui à tous les temps
branslent les jambes de telle sorte, qu'ils ennuyent les regardans par leur mauvaise grace. Je souhaite donc qu'il soit
placé en la bonne posture que j'ay monstré à V. M. la cuisse
& la jambe bien estenduë, & prés du cheval, à ce que les
aides en soient plus proches. Et s'il treuve son cheval endor-
my, les prenant avec trop de patience (comme souvent il arrive, principalement à ceux qui les souffrent trop par inclination, ou bien à ceux qu'il y a fallu endormir par un long-temps,
pour leur faire endurer, & mesme les pincer à tous les temps,
pour les obliger à les prendre grossierement ;) il est besoin
que le Chevalier, sentant son cheval en cette paresse, ou en-
dormisse-

dormiſſement, luy donne de fois à autre un bon coup des deux eſperons, ou d'un, ſelon le beſoin. Puis qu'il rafermiſ-ſe ſes jambes, & preſſe fort les cuiſſes toutes les deux en-ſemble, ou l'une plus que l'autre, ſelon ce qu'il jugera : & lors qu'il aura mis le cheval en cette apprehenſion, & qu'il ſentira preſſer les deux cuiſſes, ou l'une plus que l'autre, il maniera pour la peur, & fera paroiſtre l'homme avec peu d'a-ction, qui eſt comme je le deſire : & portera cette leçon tel profit à celuy qui la voudra bien conſiderer, qu'elle luy fera voir, & cognoiſtre veritablement par le vray ſens de la rai-ſon, que les talons ſont les dernieres aides que nous ayons pour faire manier nos chevaux : tellement que ſi le Chevalier peut premierement faire aller ſon cheval de la ſeule peur, puis comme il voudra s'alentir, treuver un aide dans la cuiſſe qui le releve, & encor aprés un autre plus ferme au gras de la jambe, il ſera plus à propos de ſuivre cette methode, & gar-der les talons pour le dernier, puiſque par cette voye le che-val ira plus long-temps, & le Chevalier paroiſtra en meilleu-re poſture, que ſi il commençoit par un grand temps de jambe, & par l'aide des talons, qu'il doit conſerver au be-ſoin, & pour la fin de l'haleine de ſon cheval ; n'y ayant rien de plus certain qu'un homme expert en cet art, & qui en-tend bien les aides, peut mener plus long-temps un cheval de quelque ſorte d'air que ce ſoit, qu'un autre qui aura moins de pratique : & qui au lieu de le bien aider, l'incommodera par ſes mauvaiſes aides. Voilà donc (S I R E) ce que j'ay à dire à V. M. pour ce qui touche le maniment des chevaux, & les moyens les plus briefs & moins perilleux, que j'ay mis peine de trouver par mon labeur, afin d'eviter mille & mille hazards, qui ſe rencontrent en la ſuite de cet exer-cice. Que ſi je ne me ſuis expliqué ſi clairement que j'au-rois deſiré, Voſtre Majeſté remarquera, s'il luy plaiſt, ce que cy-devant je luy ay dit, que je ne luy ay parlé ſi non des moyens ordinaires dont j'uſe pour mettre les chevaux à la raiſon : d'autant que ſi j'avois voulu particulariſer & ex-

　　　　　　　　　primer

primer par le menu toutes les leçons dont je me fers, il m'auroit efté impoffible, pource que ma façon de travailler n'eftant conduite que felon les occafions, il me feroit bien mal-aifé de la mettre au net, en ce que toute action de l'entendement eft tres-mal aifée, voire impoffible d'exprimer par efcrit. Or eft-il que ma methode confifte au jugement, faire la guerre à l'œil, changer de moment en moment d'action, felon le befoin, & travailler plûtoft la cervelle du cheval que les jambes. C'eft pourquoy (SIRE) voftre Majefté m'excufera, s'il luy plaift, fi je ne m'exprime fi bien par les difcours, comme je pourrois faire en luy faifant voir l'effect que ces foibles paroles ne luy peuvent monftrer. Mais je n'ay eu autre intention en parlant, que d'obeyr au commandement qu'elle m'a fait, de luy declarer les principaux effects de ma methode : & luy faire voir comme c'eft le feul moyen de recueillir avec facilité, fans danger du Chevalier, fans grand travail du cheval, & avec briefveté de temps, la perfection de cet exercice, que la pluspart cherchent avec une fi longue peine, au peril de leur vie, & à la ruine de leurs chevaux.

LE ROY.

Je fuis bien aife d'avoir entendu tout le difcours que vous m'avez fait de la methode que vous tenez, pour mettre les chevaux à la raifon : car encor que je ne fois fçavant en l'exercice, neantmoins tout ce que vous m'avez dit, tombe fous mon fens avec telle facilité, que je croy veritablement qu'il fe peut executer fans difficulté par tout homme de bon jugement ; & croy que cet entretien m'apportera du profit, en ce que m'ayant donné à cognoiftre les principales maximes de la Theorie, j'en trouveray la pratique beaucoup plus aifée, & y prendray plus de plaifir, eftant desja inftruit des raifons les plus neceffaires. Mais pour ce que je veux fçavoir de fuite tout ce qui eft de l'exercice de la Cavalerie, & qu'il refte encore une des plus gentilles actions qui

fe

ſe face à cheval,dont je n'ay pas l'intelligence,qui eſt la maniere de faire les belles & bonnes courſes de bague : continuez à m'entretenir ſur ce ſujet ; car je veux auſſi bien me
rendre beau & bon Gendarme , comme bel & bon homme
de cheval,afin de pouvoir auſſi parfaictement juger ſur la carriere , dans les triomphes , & tournois , de la bonne grace ,
& de l'addreſſe des Chevaliers,comme je ſçauray faire dans
les batailles, de la generoſité de leur courage.

PLUVINEL.

SIRE, Je n'euſſe pour cette heure oſé importuner davantage voſtre Majeſté , & euſſe remis à l'entretenir des
courſes de bague à une autre fois: mais puis qu'elle a agreable que je continuë , je le feray , ſi mieux elle n'ayme de
commencer elle-meſme par l'action.

LE ROY.

Non , Monſieur de Pluvinel , je veux auparavant entendre tout ce qui eſt neceſſaire pour faire de belles & bonnes
courſes de bague , avant que d'en venir à l'execution ; c'eſt
pourquoy continuez à me le dire.

MONSIEUR LE GRAND.

Le Roy a raiſon de deſirer ſçavoir de vous le moyen de
bien courre la bague auparavant que d'y commencer. Pource que, comme vous avez veu cy-devant, il ne vous a point
eſté beſoin de placer ſa Majeſté dans la ſelle , ny de la reprendre de ſa poſture ny de ſon action,ayant ſi bien retenu
ce que vous luy avez dit auparavant que monter à cheval ,
qu'elle n'a manqué en un ſeul poinct requis à la bonne grace du Chevalier. C'eſt pourquoy elle deſire d'entendre ce qu'elle vous dit , afin du premier coup de n'y
faillir , & nous faire tous admirer ſon bon eſprit , & ſa bonne memoire , auſſi bien en cette derniere action qu'en la
premiere.

PLU-

PLVVINEL.

SIRE, Monfieur le Grand a tres-bien remarqué le loüable deffein de voftre Majefté,eftre de faire bien du premier
coup,ce que beaucoup d'autres font plufieurs mois à apprendre. C'eft pourquoy en luy obeyffant , je diray qu'une des
plus belles actions & des plus agreables à voir & à pratiquer à cheval, eft celle de bien coürre la bague : Mais auffi
je la tiens une des plus difficiles , pour ce que tous exercices de plaifir qui fe font en public , les hommes qui ont du
courage defirent y paroiftre avec de la bonne grace,& chacun avec ambition de faire le mieux : laquelle extreme envie emporte quelquefois l'efprit , de forte qu'il ne fonge à
maintenir toutes les parties du corps dans la jufte & bonne
pofture requife , & particulierement aux courfes de bague.
La raifon principale eft,que cet exercice fe fait pour donner
plaifir aux Dames,& eft le feul de tous pour lequel elles donnent prix. Si bien que pour leur plaire, chacun tafche avec
paffion, à fe rendre agreable à toutes en general , & à quelqu'une en particulier,& à gagner le prix, pour avoir la gloire de le demander , & le recevoir avec honneur comme le
mieux faifant de la compagnie, peut-eftre de celle qu'il
honore le plus : ou fi ce n'eft d'elle, à tout le moins en fa
prefence. Tellement que cette extreme envie portant tous
les mouvemens de fon efprit à contribuer à ce deffein, eft
caufe que le plus fouvent la bonne pofture fe perd , cedant
la place à quantité de mauvaifes. Car mefme dans l'efcole
où elle fe doit apprendre , le defir de bien-toft s'y rendre
parfaict , pour jouyr du contentement que je viens de dire , porte l'efcolier dans l'oubly de ce que celuy qui l'enfeigne luy aura dit, executant tant de mauvaifes actions
pour le defir extréme qu'il a de s'ajufter à emporter la bague, que je confeille à toutes fortes de gallants hommes ,
de ne pratiquer cet exercice en public, qu'ils n'y foient
tres-affeurez auparavant : afin que les Dames , & parti-
culiere-

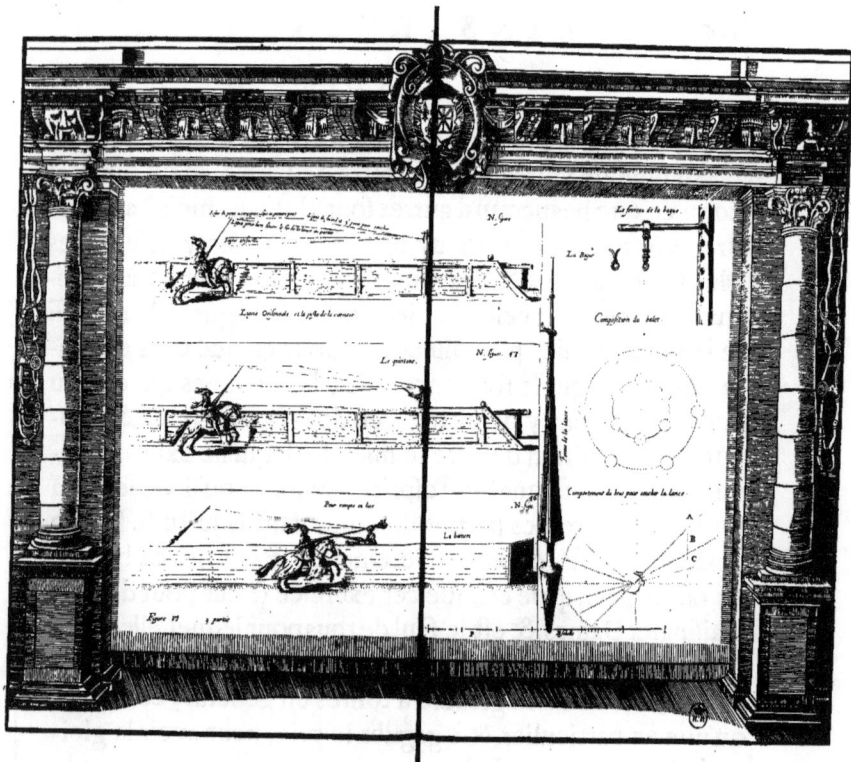

culierement les belles , (qui, ce femble , ont plus de loy de
fe moquer que les autres,) ne le fiffent à fon prejudice. La
premiere chofe qu'il faut donc que le Chevalier faffe , eft
de donner ordre d'avoir un bon cheval , qui aye toutes les
qualitez requifes à l'exercice duquel je parle ; puis d'une
lance proportionnée felon fa taille : pource que fans ces
deux chofes, il ne peut rien faire qui vaille, quelque expert
qu'il puiffe eftre.

L E   R O Y.

Dites moy les qualitez qu'il faut au bon cheval de bague , & la proportion que doit avoir la lance, puis que fans
ces deux chofes on ne peut faire cet exercice de bonne
grace.

P L U V I N E L.

SIRE , le cheval de bague ne doit eftre ny trop grand
ny trop petit , mais de moyenne & de legere taille : les
Genets , & les Barbes femblent eftre les meilleurs , s'il eft
poffible que le poil en foit beau & rare ; que les jambes, les
pieds, & les reins en foient bons; qu'il aye bon appuy & jufte à la main ; qu'il foit patient au partir , qu'il courre tride
& aife,qu'il arrefte fans incommodité; & fur tout qu'il coure & arrefte feurement. Pour ce que de toutes les cheutes
qui fe font à cheval , celles qui arrivent en courant font les
plus dangereufes , & beaucoup davantage que quand il fe
renverfe: d'autant qu'en fe renverfant il fe tourne volontiers
en l'air,& ne tombe pas droit fur le dos, fi celuy qui eft deffus ne luy contraint abfolument : Mais à la courfe,la cheute
eft fi precipitée , que le plus fouvent le cheval fait un tour
ou deux fur le Chevalier,comme miraculeufement cela m'eft
arrivé, du temps que le Parlement eftoit à Tours, courant la
bague ; au milieu de la courfe le cheval met le nez en terre , fait le tour entier fur moy , & fe retrouve fur les pieds,
la lance rompuë dans ma main , contre mon cofté , en trois

G g

pieces,

pieces, dont je receus fi peu de mal, que, comme j'ay dit à voſtre Majeſté, c'eſt miraculeuſement que j'en reſchappay, eſtant, comme je croy, impoſſible que pareille cheute puiſſe arriver ſans mort, ſi Dieu n'y opere. Quand à la lance, ſa proportion doit eſtre ſelon la taille du Chevalier: à un grand homme une petite lance, fort foible & courte, n'auroit pas bonne grace ; comme à un petit une groſſe lance, longue & grandes ailles, luy ſeroit tres-mal ſeante en la main. C'eſt pourquoy le Chevalier de bon jugement pourra s'approprier de cette arme à ſa bien-ſeance, & à ſa commodité, ſelon le modelle & la forme de la figure que j'en donne pour cela : ou plus longue, ou plus courte, ou plus groſſe, ou plus menuë, ſelon ſa taille & ſa force.

Re-cours à la Figure 37.

LE ROY.

Ie cognois que vous avez raiſon de dire, que ſans un bon cheval & une bonne lance on ne peut faire de belles courſes : mais apres qu'on en eſt muny, comme quoy faut-il que le Chevalier les employe ?

PLVVINEL.

SIRE, la premiere choſe qu'il faut que le Chevalier face auparavant que de commencer à courre, eſt de prendre garde à ſa bonne poſture, de bien ajuſter ſes eſtrieux, & ſes reſnes dans la main, enfoncer ſon chapeau en ſorte qu'il ne tombe dans la carriere, (qui eſt un des accidens plus meſſeans qui luy puiſſe arriver.) Puis eſtant bien ajuſté dans la ſelle, il prendra la lance de la main d'un Eſcuyer ou d'un Page, & la tenant la maniera & la fera tourner dans la main de bonne grace & avec facilité, pour monſtrer aux regardans qu'il n'eſt point embaraſſé de cette arme. Puis en cheminant la mettra ſur le plat de ſa cuiſſe droite, en prenant garde que le coude ne ſoit point trop proche du corps, ny celuy de la bride non plus. En aprés il mettra la pointe de la lance un peu panchée en avant vers l'oreille gauche

Figure 38.

du

M.ᵈᵉˡ le connestable M.ʳ le D. d'Espernon M.ʳ le D. de Joyse M.ʳ le D. de Neuers Le Roy M.ʳ le P. Donomge M.ʳ le D. Belleuf M.ʳ de Mommoranci f. M.ʳ le D. de la Roche M.ʳ le D. de Ioyeuse

M.ʳ de Vitre

M.ʳ de Poruins

Figure 98   3 Partie

du cheval , la tenant toufiours en cette façon , foit arrefté ,
foit en marchant de pas , de trot & de galop , fans faire paroiftre aucune contrainte : car en cette action il femble
qu'on n'excufe pas fi volontiers les mauvaifes poftures
qu'aux autres qui s'exercent à cheval.

LE ROY.

Pourquoy eft-ce qu'on ne les excufe pas fi-toft en courant la bague, qu'aux autres actions qui fe font à cheval ?

PLUVINEL.

SIRE , La raifon pourquoy on n'excufe guere la mauvaife grace de ceux qui courent la bague, eft que les Chevaliers qui paroiffent fur la carriere le font tout exprés , &
avec deffein de fe rendre agreables aux Dames qui les re-
gardent , fe promettans qu'ils ne peuvent rien faire que de
bon en leur prefence; & particulierement en cet exercice où
il y a fort peu de peine & d'incommodité, eftant fur un bon
cheval qui court roidement , & qui eft aifé au partir , & à
l'arreft : tellement que fi par hazard il paroift quelque gefte
qui ne foit de bonne grace , foit avant la courfe , durant
icelle, ou aprés , la rifée s'en fait generale parmy elles , qui
prefuppofent avec raifon , que perfonne ne fe doit prefenter fur la carriere , ny dans la lice pour leur donner du plaifir , qui n'execute gentiment , avec hardieffe , & de bonne
façon tout ce qu'il entreprendra fans demeurer court ,
eftant certain que les belles & gentilles prennent davantage de plaifir à voir un galland Chevalier commencer , continuer , & finir une belle courfe , fa lance ferme dans la
main , par un beau dedans , que de confiderer un mauvais
Gendarme , mal placé fur fon cheval , mal partir , fa lance
toufiours branlante , & vacillante le long de la carriere : &
au lieu d'un beau dedans , brider la potence. Car aux autres exercices de cheval foit terre à terre , ou à capreoles,
ces maneiges fe faifans avec furie , & les chevaux en les

execu-

executant pleins de fougue , cela met en apprehenfion ces
pauvrettes,de crainte que le Chevalier ne fe faffe mal,laquel-
le apprehenfion les empefche de rechercher quelque occafion qui les puiffe faire rire,ne pouvans,eftans en cette crainte,remarquer fi exactement les mauvaifes poftures de l'homme : & fi par hazard il y en avoit aucune , la rudeffe du maniment du cheval feroit une excufe legitime en leur endroit;
ce qu'elles ne font nullement en l'exercice de courre la bague : tellement qu'il faut eftre bien affeuré de l'execution
de ce qu'on veut entreprendre , auparavant que de fe prefenter devant elles pour cet effect ; car fi par hazard quelqu'un manque au moindre poinct , & qu'il commette une
feule faute , jamais il ne la peut reparer , & demeure tousjours en mauvaife reputation en leur endroit.

LE ROY.

Dites-moy auffi la raifon pourquoy vous faites porter la
lance vers l'oreille gauche du cheval ?

PLUVINEL.

SIRE, V. M. remarquera , s'il luy plaift , que les maneiges relevez n'eftoient pas anciennement en ufage comme ils font à prefent, & que les exercices les plus frequents
à cheval des Roys & des grands Princes eftoient de rompre
des lances en lice les uns contre les autres, pour s'accouftumer à faire la mefme chofe , & s'y rendre plus adroits en la
guerre & aux combats. Pour cet effect mefmes les Capitai-
nes de gens-darmes & de chevaux legers s'y exercent dans
leurs garnifons avec leurs compagnons,afin de rendre & eux
& leurs chevaux experts en cet exercice pour s'en fervir au
befoin. Mais pource qu'il y a grande peine & quelque fois
du peril de courre fi fouvent les uns contre les autres en lice, & encor davantage à camp ouvert : ils s'aviferent, pour
eviter cette peine & ce peril , de prendre un anneau de la
hauteur d'un homme à cheval,& le mettre du cofté que pou-

voit

voit venir leur ennemy, qui eſt le gauche, puis armez de
toutes pieces ils s'accouſtumoient eux & leurs chevaux à
courre juſte,& leur portoit cela tel profit, qu'ils s'ajuſtoient
tout auſſi bien que s'ils euſſent couru l'un contre l'autre : n'y
ayant rien qui ajuſte tant le gendarme à bien manier ſa lance, & en faire tout ce qu'il deſire, que les frequentes courſes
de bague; ayant veu un exemple ſi ſignalé pour prouver
cette verité,que les ignorans meſmes le ſçachans,n'en ſçau-
roient apres douter avec raiſon. Ce que je veux dire à voſtre Majeſté, (SIRE) eſt le combat des Sieurs de Marolles & de Marivault, qui ſe fit durant le ſiege de Paris, au
milieu de l'armée du feu Roy voſtre Pere, & de celle de la
Ligue. La veille du combat le Sieur de Marolles ayant veu
le Sieur de Marivault avec un habillement de teſte à grille,
dit à ceux qui eſtoient aupres de luy, ſi demain il ſe preſente devant moy la teſte armée de la ſorte, aſſeurément il y
perdra la vie ; ſe ſentant tellement ſeur de ſon dire par le
long uſage des courſes de bagues armé, que le lendemain
le Sieur de Marivault ſe treuvant avec le meſme habillement de teſte,il ne manqua de luy donner juſtement au lieu
où il avoit dit, le portant par terre roide mort ſur la place :
qui eſt (SIRE) pour faire cognoiſtre à voſtre Majeſté,
comme quoy l'exercice ordinaire de la bague, outre ce
qu'il eſt agreable à voir, eſt neceſſaire pour ceux qui ſe veulent ſervir d'une lance : & que la raiſon, pour laquelle elle
ſe doit porter panchée ſur l'oreille gauche du cheval, eſt
que l'ennemy vient touſiours de ce coſté là.

LE ROY.

Quand le gendarme eſt en bonne poſture ſur ſon cheval, ſa lance bien placée ſur ſa cuiſſe, qu'eſt il beſoin qu'il
faſſe ?

PLUVINEL.

SIRE, Il faut cheminer de bonne grace, & en bonne
poſture vers le commencement de la carriere, où eſtant,
H h il ſe

il fe faut arrefter le dos tourné vers la bague , jufques à ce qu'elle foit ajuftée au point qu'on defire : puis le Chevalier *Figure 39.* levera fa lance de deffus fa cuiffe de deux doigts , fans que perfonne s'en apperçoive , & laiffera à l'inftant prendre une demie volte terre à terre à fon cheval à main droite en entrant dans la carriere, puis fera quelqu'une des belles actions de la lance en partant , que je diray cy-apres , & continuëra la courfe de bonne grace jufques à l'arreft , qu'il executera avec la mefme gaillardife , & gentilleffe : remarquant voftre Majefté, qu'il n'y a que trois principales chofes pour acquerir la reputation d'eftre beau & bon gendarme , qui font la grace & l'air de la lance au partir , fa defcente douce & ferme tout le long de la courfe , & la mefme bonne grace, vigueur & gentilleffe à l'arreft.

LE ROY.

Or donc, Monfieur de Pluvinel, parlons diftinctement de toutes ces chofes,& me les enfeignez par ordre : Premierement je feray bien prendre à mon cheval la demie volte terre à terre, à main droite, en entrant dans la carriere : mais dites-moy de quelle longueur il faut qu'elle foit, & à quelle hauteur vous ajuftez la bague; puis nous parlerons aprés du furplus.

PLUVINEL.

S I R E , La longueur de la carriere doit eftre mefurée felon la vifteffe , & la force du cheval : fi le cheval eft fort vifte, la carriere doit eftre plus longue ; fi moins vifte , plus courte. Mais pour les chevaux les plus viftes , cent pas de courfe jufques à la bague fuffifent , & trente pas d'arreft : & pour les vrais chevaux de bague, qui courrent tride & n'avancent pas tant, quatre-vingt pas de courfe fuffifent , & vingt pas d'arreft. La hauteur de la bague doit eftre juftement un peu au deffus du fourcil gauche , d'autant que les chevaux fe baiffent toufiours en courant. C'eft pourquoy il la faut laiffer un peu plus baffe : car qui la mettroit au deffus

M. Escuer du Roy. M. le Prince. M. de Mon. M. le Duc de Vendosme. M. de Bthune. M. le Che. de Vendosme. M. le Comte de Soyssos. M. le Comte de Mores.

M. de Pluvinel. Figur 39 3. part. M. de Pl.

fus de la tefte , elle fe treuveroit trop haute en courant , & ne fe pourroit-on pas fi facilement ajufter.

MONSIEUR LE GRAND.

SIRE , Il fera à propos que Monfieur de Pluvinel, avant que paffer outre , vous donne la raifon pourquoy il defire que le cheval en entrant dans la carriere,tourne plus-toft à main droite qu'à main gauche ; & pourquoy il veut que le gendarme commence fa courfe en tournant plustoft qu'arrefté. Car j'ay veu plufieurs bons gendarmes autre-fois difputer fur le premier poinct de tourner à main droite, plustoft qu'à main gauche en entrant dans la carriere.

PLUVINEL.

SIRE , Monfieur le Grand a dit tres-vray à V. M. qu'il y a plufieurs gendarmes qui difputent à quelle main il faut faire tourner le cheval en entrant dans la carriere;mais pour moy je ne trouve nulle raifon à leur difpute , & conclus hardiment qu'il faut toufiours tourner à main droite:pour ce que la pluspart des chevaux s'efloignent ordinairement de la muraille, & quafi tous partent avec impatience; qui eft cau-fe que d'eux-mefmes tournans à main droite , ils fe jettent en dedans vers la muraille : que fi on tournoit en partant à main gauche , l'impatience jetteroit affeurément le cheval trop en dehors , éloigné de la muraille & de la porte de la carriere, qui cauferoit la courfe fauffe & de mauvaife grace, eftant trop efloignée de la bague. Les raifons , qui m'obli-gent à confeiller au gendarme de commencer fa courfe en tournant , font deux : La premiere , qu'il fe treuve fort peu de chevaux qui ayent accouftumé de courre , qui puiffent demeurer en patience dans la carriere , la tefte vers la ba-gue ; tant l'inquietude d'achever leur courfe les preffe de commencer,laquelle inquietude il eft tres-mal aifé de vain-cre , & de difputer avec fon cheval au commencement de la carriere , la lance en la main, & preft à partir ; outre qu'il auroit tres-mauvaife grace : cela ne fe pourroit faire fans

que

que l'homme fortift de fa bonne pofture , qui fendroit fon partir desagreable , & fa courfe mauvaife. L'autre eft que partant en tournant , outre que ces accidens font évitez , cela tefmoigne plus de vigueur au partir , & donne plus d'air au Chevalier , que non pas de commencer de fang froid.

LE ROY.

Parlons à cette heure de l'action de la lance au partir , & de quelle forte vous defirez que le gendarme commence fa courfe.

PLVVINEL.

SIRE, J'ay desja dit à voftre Majefté qu'il faut, auparavant que commencer fa demie volte à main droite , lever la lance de deffus la cuiffe de deux doigts , fans que perfonne s'apperçoive qu'elle foit hors de fa place. A prefent je vous diray que je pratique quatre fortes d'actions de la lance au partir , defquelles chacun fe peut fervir felon fa fantafie , & felon le befoin : Car encor qu'une action au partir peut fuffire au gendarme, pour faire une belle & bonne courfe : neantmoins la diverfité, qui n'eft point fauffe ny contre les reigles des belles & bonnes courfes, eft toufiours bien feante ; & fait eftimer celuy qui execute chofes differentes avec liberté , & fans contrainte , fçavant en l'exercice duquel il fe mefle.

LE ROY.

Donnez-moy à entendre quelles font les actions que vous faites de la lance au partir , afin qu'en les prenant , je me ferve de toutes quatre , ou de celle que je treuveray le plus à ma fantafie.

PLVVINEL.

Figu-
re 40. SIRE, la premiere s'execute en cette forte ; c'eft qu'en mefme temps que le cheval fait le premier eflans dans

la

la carriere pour commencer fa courfe, le gendarme doit
lever fa lance du mefme endroit où elle eft tout d'un coup
avec viguë, fans qu'il remuë autre chofe que le bras, &
doit placer fa main vis à vis de fon oreille droite, prenant
garde de n'efcarter pas tant le poing, que la lance fuft trop
efloignée du vifage, ny auffi de le ferrer fi prés que la face fuft ouverte ; fuffifant feulement que le gendarme fe voye, fans qu'il y aye d'intervalle entre fa lance & fon vifage :
puis la lance eftant placée en cet endroit, l'y laiffer dix ou
douze pas dans la carriere avant que commencer à baiffer.
Apres laiffer defcendre tout doucement, en ramenant le
poing en fa place proche de l'arreft de la cuiraffe, & en
l'ajuftant à la bague ; laquelle paffée il faut lever la pointe
droit en l'air, efcartant un peu le bras en dehors en levant,
mais fi peu qu'il n'y paroiffe, & du mefme air & viguë
que le partir. Puis arrefter le cheval de bonne grace, jufte
& droit dans la carriere, & arrefté remettre la lance fur fa
cuiffe, ou la donner à un Efcuyer, ou Page, pour la rappor-
ter proche du partir.

LE ROY.

Voylà la premiere action de la lance, venôns aux autres.

PLUVINEL.

SIRE, la feconde eft prefque femblable à cette premiere ; la difference qu'il y a, eft que quelques uns treuvant de la difficulté à ramener le poing en fa jufte place, de
l'arreft de la cuiraffe, en mefme temps que la pointe de la lance baiffe : j'ay treuvé ce moyen pour leur faciliter la courfe
en cette forte : lors que la lance eft au poing du partir que
j'ay dit cy-deffus, à l'inftant mefme, & prefque d'un temps,
je fais remettre le poing en la place de l'arreft de la cuiraffe,
fans toutesfois laiffer tomber la pointe de la lance, que le
poing ne foit placé, puis on acheve la courfe, & l'arreft de
la mefme forte cy-deffus.

L E

LE ROY.

Je croy que cette feconde eft plus facile que la premiere, en ce qu'à la premiere il y a de la peine & du foin à bien
ramener le poing , & laiffer tomber la pointe de la lance
tout enfemble : mais à celle-cy le poing fe ramenant au
mefme inftant qu'il fe leve , le gendarme n'a plus à fonger
qu'à bien ajufter fa lance à la bague, & bien faire fon arreft,
mais voyons qu'elle fera la troifiefme.

PLUVINEL.

SIRE, La troifiefme n'eft pas fi difficile que la premiere , & la fais pour s'en fervir en deux occafions , fçavoir eft
quand on court par un grand vent , ou quand on rompt en
lice, je l'execute en cette façon : Entrant dans la carriere,
au lieu de lever la lance, j'efcarte un peu le tronçon fans gueres bouger le poing de fa place, & le paffe par deffus l'arreft
de la cuiraffe , (ou à l'endroit auquel il doit eftre fi je cours
defarmé)fans faire plus grande action qu'un petit demy cercle, pour mettre feulement le tronçon de la lance fur l'arreft
fans qu'il y touche , faifant le mefme partir quand je cours
par un grand vent ; pour ce qu'en pareils temps , il y auroit
crainte que levant la pointe de la lance haut , le vent la prenant,la portaft trop en dedans,trop en dehors,ou la fift renverfer en arriere : toutes lefquelles chofes feroient tres-mal
feantes. La lance eftant donc fur l'arreft , au lieu que je ne
faifois commencer les courfes cy-devant que dix pas avant
dans la carriere, en tenant la pointe de la lance ferme , jufques à cette diftance ; à celle-cy je commence à laiffer tomber la pointe dés que la lance eft en fa place,afin qu'en rompant en lice , je fois plûtoft preft & ajufté pour rompre , &
courant la bague par le vent qu'il n'ofte la lance de fa place,
fi elle demeuroit tant foit peu en l'air fans baiffer.

LE ROY.

Cette troifiefme eft bien feure ; mais auffi je croy qu'elle

le n'a pas si bonne grace, pour ce qu'elle n'a pas tant d'air au partir. Mais voyons quelle est la quatriesme.

PLUVINEL.

SIRE, La quatriesme est la plus difficile à bien executer, mais aussi estant bien faite elle a meilleure grace qu'aucune des autres. Et afin que vostre Majesté la puisse mieux comprendre, je la supplie de regarder comme quoy je feray. Considerez en premier lieu la lance sur ma cuisse : puis quand le cheval est prest de prendre sa demie volte à main droite, & ma lance levée de deux doigts, comme cy-devant j'ay dit ; voyez de quelle sorte le cheval ayant pris un quart *Figu-* *re 41.* de volte, & monstrant le costé droit dans la carriere, je laisse tomber le poing le long de ma cuisse, ma lance en son contrepoids dans ma main, la pointe tousiours panchée sur l'oreille gauche de mon cheval. Puis dés qu'il met la teste dans la carriere, regardez, s'il vous plaist, comme au premier temps de la course, j'eslargis le poing de la lance, & en montant & eslargissant d'un mesme temps à bras estendu, je fais un demy cercle, & passe justement ma main proche de mon oreille droite, au mesme lieu que j'ay monstré à vostre Majesté au premier partir, sans que pour cela ma lance sorte de la juste ligne, qui tombe droitement à l'oreille gauche du cheval. Le reste de la course s'acheve comme la premiere, & tous les arrests semblables. Car je ne conseille point à l'arrest de faire comme beaucoup, qui ayans passé la bague, au lieu de lever la lance en haut, au contraire ils baissent le poing, & font comme s'ils vouloient donner une estocade à la fesse de leur cheval. Laquelle chose outre qu'elle n'est nullement de bonne grace, elle est du tout fausse : parce qu'il en peut arriver accident qui obligeroit à rire la compagnie, & qui déplairoit à celuy à qui il seroit advenu, qui est qu'en retirant ainsi le bras en arriere avec force, si par hazard mettant un dedans, il n'estoit du tout franc, & qu'il n'y eust que le bout de la pointe de la lance dans la bague, en la retirant avec force en arriere ; il n'y a nulle

nulle doute que la bague tomberoit,& par confequent perduë pour le gendarme ; ce qui ne feroit advenu portant la
lance à l'arreft, comme je l'ay dit à voftre Majefté.

LE ROY.

N'avez-vous plus rien à enfeigner au gendarme, pour faire de belles & bonnes courfes ?

PLUVINEL.

SIRE, J'ay encore à luy dire, que ce n'eft pas tout
au Chevalier d'eftre bien placé dans la felle, ny de bien
porter fa lance au partir durant la courfe, & à l'arreft : mais
il faut qu'il fonge à faire en forte que l'envie de gagner le
prix ne luy face perdre fa bonne pofture du corps & des
jambes : du corps, en portant l'efpaule droite trop en arriere, & le vifage de travers, qu'on nomme faire l'Arba-
leftrier : au contraire faut les porter droit, & la face auffi,
ne faire aucune grimace des yeux, ny de la bouche, ne
branfler & ne baiffer la tefte en paffant fous la bague, ne
battre fon cheval pendant la courfe, mais tenir fes jambes
fermes, & non trop esloignées ; bref, eftre jufte, droit, &
libre fans affectation.

LE ROY.

Monfieur le Grand, voyons fi j'auray bien retenu tout,
ou partie de ce que Monfieur de Pluvinel m'a dit, pour faire de belles & bonnes courfes de bague, & fi je pourray le
mettre en pratique.

MONSIEUR LE GRAND.

SIRE, Je louë Dieu dequoy la generofité de voftre
courage vous porte à entreprendre ce que vous n'avez jamais pratiqué fans aucune crainte, & avec affeurance de n'y
manquer : qui doit faire juger à toute cette compagnie que
voftre Majefté eftant en fa force, & en fa vigueur, entreprendra & executera auffi facilement les belles & grandes
actions,

actions , comme elle fait à prefent tout ce à quoy elle s'employe : laquelle efperance & affeurance tout enfemble, eft
fi douce à toute voftre Nobleffe, qu'elle attend , je m'en affeure , avec impatience ceft agreable temps , auquel elle
verra voftre Majefté remplie de tant de gloire & de triomphes , par l'execution de mille belles conqueftes , quelles
n'eterniferont pas feulement le nom de voftre Majefté,mais
auffi la memoire de ceux qui auront eu l'honneur de luy
faire compagnie : ce qui doit veritablement obliger ceux
qui font nais fous un fi heureux regne , de benir le jour de
leur naiffance , puifque le premier aage de voftre Majefté
fait cognoiftre avec certitude , qu'ils feront un jour com-
mandez par le plus vertueux & genereux Monarque qui
jamais ayt regné dans le monde.

LE ROY.

Monfieur le Grand , je mettray peine de faire en forte que vos attentes & vos efperances ne foient pas vai-
nes ; c'eft pourquoy, Monfieur de Pluvinel , puifque je
fuis fur la carriere , faites-moy venir un cheval de bague ,
afin que j'efpreuve , ayant encore la memoire recente de
ce que vous m'avez dit , fi je pourray faire quelque bonne
courfe.

PLUVINEL.

SIRE, Voilà voftre Majefté fort droite dans la felle ,
mais je la fupplie auparavant que de prendre la lance,
qu'elle aye agreable de paffer une carriere, afin de fentir diftinctement le partir du cheval , la courfe, & l'arreft, en
gardant la bonne & jufte pofture en laquelle elle eft à
prefent.

MONSIEUR LE GRAND.

SIRE, Si vous continuez de la forte , vous ferez en
fort peu de temps parfait gendarme.

K k

PLU-

PLUVINEL.

.SIRE, Il y a fort peu à dire : c'est pourquoy voftre
Majefté pourra prendre une lance quand il luy plaira. Car
pourveu qu'elle fonge à n'advancer pas tant le corps en
avant , & y poufler l'efpaule droite , tout le refte eft fort
bien : qu'elle fe fouvienne, s'il luy plaift , en prenant la lance , de la placer de bonne grace fur la cuiffe , & de choifir
quel partir des quatre que je luy ay dit cy-deffus , elle aura
agreable de faire.

LE ROY.

Figu-
n° 42.　　Je veux faire le premier partant ; donnez-moy cette lance, & prenez garde avant que je commence la courfe deux
ou trois fois, fi je la placeray bien fur la cuiffe : Si je feray la
levée du partir de bonne grace : Si en laiffant tomber la
pointe, je rameneray bien le poing en fa place , & fi en l'arreft en le relevant, je donneray l'air qu'il faut.

PLUVINEL.

SIRE, Si voftre Majefté fait de mefme quand le cheval courra, comme elle vient de me monftrer, je n'auray pas
grande peine à l'enfeigner , pource qu'elle a fort bien executé ce que je luy ay dit ; feulement elle prendra garde, en
levant la lance , que ce foit le bras feul , & non pas le corps
qui bouge de fa place.

LE ROY.

Or fus, Monfieur le Grand, prenez garde, je vay faire ma
premiere courfe pour l'amour de vous.

MONSIEUR LE GRAND.

SIRE, Que je baife la main de voftre Majefté , pour
la grande faveur qu'elle me fait , laquelle je n'oublieray jamais.

PLU-

PLUVINEL.

SIRE, que voſtre Majeſté prenne un peu ſoin de ſerrer les cüiſſes, principalement au partir, afin de bien entrer
le corps & la lance juſte dans la carriere : Car tout homme
qui part bien, c'eſt grand hazard ſi la courſe n'eſt bonne :
comme auſſi ſi le partir n'eſt bon, il eſt preſque impoſſible
que la courſe le puiſſe eſtre.

MONSIEUR LE GRAND.

Puis que parmy l'honneur que V. M. m'a fait de courre
ceſte premiere courſe pour l'amour de moy, je ſuis encor ſi
heureux qu'elle ſoit bonne: j'oſe la ſupplier tres-humblement
dans trois ou quatre jours au plus, d'aller faire cet exercice
dans la place Royalle, à la veuë de tout le monde : afin de
faire cognoiſtre non ſeulement à voſtre Nobleſſe, mais à voſtre peuple, l'excellence miraculeuſe de voſtre eſprit.

PLUVINEL.

SIRE, je trouve fort peu à dire que cette courſe ne
ſoit telle que je la deſire, & puis aſſeurer V. M. n'en avoir
jamais veu qui en ayt peu faire autant en deux mois, quelque bon eſprit qu'ils ayent eu. Et tout ce que j'y remarque
de deffaut, eſt qu'au partir la pointe de la lance a eſté en
dehors & non ſur l'oreille gauche : dans la courſe en ramenant le poignet, le coude a eſté un peu trop ſerré, & approchant de la bague; V. M. a tiré l'eſpaule droite en arriere; à toutes leſquelles choſes elle prendra (s'il luy plaiſt)
garde à la courſe qu'elle va faire.

MONSIEUR LE GRAND.

SIRE, voſtre Majeſté va augmentant à veuë d'œil,
pource que le corps a eſté fort droit.

PLUVINEL.

SIRE, je croy qu'à ce matin voſtre Majeſté ſe fera bon

gen-

gendarme, le corps a esté bien droit, le coude n'a pas esté ferré, ny la pointe de la lance en dehors; mais les jambes ont un peu branslé le long de la carriere, faute d'avoir ferré les cuisses au partir. Pour l'arrest, le bras n'a pas esté assez estendu ny libre. Mais je m'asseure que vostre Majesté y prendra garde à cette fois.

LE ROY.

Monsieur le Grand, je vay faire la seconde levée de la lance que Monsieur de Pluvinel m'a cy-devant dit, qui est de ramener le poing en sa place en levant.

PLUVINEL.

SIRE, ayez donc memoire, en entrant dans la carriere, de faire trois actions en un moment, serrer les cuisses, pousser l'espaule droite en avant, & le corps un peu en arriere. Et en levant la pointe de la lance, qu'elle soit tousiours sur l'oreille gauche du cheval.

MONSIEUR LE GRAND.

SIRE, voylà la meilleure course que vostre Majesté ayt faite, & m'asseure qu'il y a plusieurs gendarmes sur cette carriere qui ne pourront pas faire mieux.

PLUVINEL.

SIRE, il est vray qu'elle a esté bonne, & trop pour le peu de temps: mais je supplie V.M. d'en courre encor une, qu'elle prenne garde que la lance ne touche au costé, ny au bras, ce qui n'arrivera en haussant un peu le coude: & pour ajuster la lance, il faut soustenir justement au dessus de la bague, pource qu'ordinairement on ne manque qu'en donnant trop bas.

LE ROY.

Monsieur le Grand, je vay courre cette derniere, & mettray peine d'executer tout ce que Monsieur de Pluvinel m'a dit.　　　　　　　　　MON-

MONSIEUR LE GRAND.

SIRE, puifque voftre Majefté a refolu de faire une belle & bonne courfe, afin qu'elle foit meilleure & plus heureufe, je la fupplie tres-humblement, que ce foit pour l'amour de la Reyne ; & fans doute elle treuvera que cette penfée l'animera, de forte que nous nous treuverons tous remplis d'admiration ; car voftre Majefté remarquera, s'il luy plaift, que les faveurs des Dames ont de tout temps fait faire des merveilles aux Chevaliers.

LE ROY.

Monfieur le Grand, je veux bien que ce foit pour l'amour d'elle : mais puifque cela eft, je veux emporter la bague de bonne grace.

MONSIEVR LE GRAND.

Et bien (SIRE) la penfée que voftre Majefté a euë pour la Reyne, n'a elle pas reüffy heureufement & felon voftre defir, puifque vous avez emporté la bague, par la plus *Figu-* *n 43.* belle courfe qui fe puiffe faire, & m'affeure que Monfieur de Pluvinel fera de mon advis.

PLUVINEL.

Il n'y a rien au monde qui anime tant les braves courages à bien executer tous les exercices de plaifir, que les belles & vertueufes Dames, pour ce que les Chevaliers ne les ont inventez que pour leur faire paffer le temps. C'eft pourquoy V. M. en penfant à la Reyne, n'a manqué à aucun poinct de tout ce que je luy ay dit, & a fi bien couru cette derniere, que fi elle continuë encor une autre matinée de mefme, je n'auray plus que faire de luy parler.

LE ROY.

Ie veux donc defcendre & m'en aller fur cette bonne efcole, remettant à vous entretenir du furplus que vous

L l   avez

avez à me dire, à l'issuë de mon disner ; car je ne veux rien
obmettre de tout ce qui concerne la science de la Cavalerie que je n'entende. Seulement dites-moy auparavant que
je sorte, s'il y a encor beaucoup de choses à dire sur ce
subject.

PLUVINEL.

Non (SIRE) je n'ay plus à vous declarer que la maniere de rompre des lances en lice les uns contre les autres, armez de toutes pieces, & apres comme il faut combattre à cheval l'espée à la main.

LE ROY.

Puis qu'il me reste si peu à entendre, continuez à me dire
ce que c'est de rompre en lice, & comme quoy il le faut
faire.

PLUVINEL.

SIRE, Anciennement les Chevaliers rompoient des
lances dans la campagne à camp ouvert, sans lices : mais il
en arrivoit tant, & de si grands accidents, soit par la perte
de la vie des hommes & des chevaux, que pour éviter à ces
maux, on a inventé premierement une haute lice, qui couvre le cheval & l'homme jusques à l'arrest de la cuirasse.
Puis on treuva les basses lices de la hauteur du gras de la
jambe du Chevalier, qui servent pour empescher que les
chevaux, sur lesquels on a souvent rompu des lances, & qui
craignent le choc, ne s'escartent de la carriere ; & pour
autant que les hommes, nonobstant toutes ces choses, ne
laissoient souvent de se faire mal par les gránds coups qu'ils
recevoient dans leur habillement de teste, qui mettoit souvent leur vie en hazard, on trouva moyen de s'armer contre ces perils ; premierement d'arrester la sallade, au devant
& au derriere de la cuirasse avec deux bons avis, puis un pla-
stron tout d'une piece, qui couvre le devant de la cuirasse, sçavoir est tout le costé gauche, & l'espaule jusques au gantelet,

le

le cofté droit jusques à l'arreft, laiffant le bras de la lance libre, & la fallade jusqu'à l'endroit de la veuë. Tellement que
l'homme armé en la forte eft hors de ces dangers. Mais
auffi il ne peut hauffer, baiffer, tourner la tefte, ny remuër
l'efpaule gauche ; feulement il luy refte le mouvement depuis le coude pour pouvoir arrefter fon cheval : & fert cette forte d'armes à ce que les coups de lance donnez à l'endroit de la gorge, & au deffus, ne fçauroit renverfer la tefte arreftée par les deux avis, & par ce plaftron que les gendarmes nomment la haute piece, laquelle garde auffi que les
coups portez ne puiffent nuire au Chevalier armé de la forte.

LE ROY.

Je croy que l'homme ainfi armé a bien de la peine à mon- *Figu-*
ter fur fon cheval, & eftant deffus à s'en bien aider.   *re 44.*

PLUVINEL.

S I R E, Il luy feroit bien difficile, mais en l'armant de la
forte, on a pourveu à cela. C'eft qu'aux triomphes & aux
tournois, où il eft queftion de rompre des lances, il y doit
avoir aux deux bouts de la lice un petit efchaffaut de la hauteur de l'eftrieu du cheval, fur lequel deux ou trois perfonnes peuvent tenir, fçavoir eft le gendarme, un armurier
pour l'armer, & quelqu'autre pour luy aider : eftant neceffaire en fes actions perilleufes que l'armurier foit toufiours
proche, & arme les combattans : afin que rien ne manque, & que tout foit jufte. Puis l'homme eftant armé, on
luy amenera fon cheval proche de cet efchaffaut, fur lequel
il fe peut facilement placer pour commencer fa courfe : car
voftre Majefté remarquera, s'il luy plaift, que pour rompre
des lances en lice, il ne faut pas commencer fa carriere en
tournant, pour deux raifons: La premiere, qu'eftant pefamment & incommodément armé, le gendarme pourroit fe
defajufter de fa bonne pofture, qui luy porteroit grand prejudice au rencontre furieux de fon ennemy. La feconde,
qu'il faut partir tous deux enfemble, afin de fe rencontrer

au

au milieu de la lice, où d'ordinaire se placent tout vis à
vis, le Roy, la Reyne, les Princes & Princesses, & les
plus Grands : ce qui ne se feroit pas justement, si on commençoit sa courfe par une demie volte. C'est pourquoy il
faut que les chevaux, pour faire cet exercice, soient grandement patiens au partir, & accouftumez à demeurer arre-
ftez la teste dans la carriere & fans inquietude, tant qu'il
plaift au gendarme.

LE ROY.

Quels chevaux treuvez-vous les plus propres à cet exercice ?

PLUVINEL.

SIRE, Les plus viftes font les meilleurs, & ceux qui
font recevoir le plus grand choc, pourveu qu'ils foient affez
forts de reins & de jambes pour les fouftenir ; qui me fait
eftimer les forts Courciers, ou les chevaux d'Allemagne, ou
de taille pareille, les plus propres, ne se rebutant pas si toft
des rudes rencontres que les chevaux d'Efpagne, & les
Barbes, qui font trop foibles, & qui ne pourroient porter le
gendarme fi pefamment armé.

LE ROY.

Fig-
re 45. Quand le Chevalier eft bien armé fur fon cheval, & lance en la main, preft à commencer fa courfe, comme quoy
defirez-vous qu'il l'execute ?

PLUVINEL.

SIRE, J'ay desja dit qu'il eftoit befoin que les deux
gendarmes partiffent enfemble, pour fe rencontrer au milieu de la carriere : en partant je veux qu'ils facent la quatriefme levée, que j'ay cy-devant declarée à voftre Majefté,
& qu'en mefme inftant ils pofent l'arreft de la lance fur l'arreft de la cuiraffe, & au lieu de laiffer tout doucement
tomber la pointe de la lance, j'entends qu'elle foit tout à
fait

Fig. 45   3 part.

Figure 198.   4 pic

fait en la place pour rompre, vingt pas avant de rencontrer
fon ennemy, afin d'avoir plus de loifir de s'ajufter, & donner au lieu qu'on defire, pour rompre de bonne grace, &
prendre garde de ne ferrer pas la lance dans la main en cho-
quant, de crainte que fe rompant dans la poignée,elle ne fe
bleffe la main qui fe trouveroit ferrée. Ce qui arrive affez
fouvent à ceux qui ne fçavent pas ce fecret. Il fuffit feulement que la main ferve pour fouftenir la lance fur l'arreft
de la cuiraffe, & pour ajufter le coup où on defire. Puis la
lance rompue, fi elle fe brife dans la poignée, il faut faire
fon arreft de bonne grace, en-levant le refte du tronçon
qui demeure dans la main : & l'arreft fait, la jette hors la
lice dans le champ. Mais fi la lance fe rompoit dans la poignée, il faut en faifant fon arreft de bonne grace, hauffer la
main & fecouër le gantelet, pour monftrer aux regardans
qu'on n'eft pas eftonné du choc.

LE ROY.

En quel endroit defirez-vous que le gendarme rompe
fon bois ?

PLUVINEL.

SIRE, Le vray endroit pour rompre de bonne grace, *Figu-*
eft de rompre depuis la veuë jufques à l'efpaule du cofté *re 46.*
gauche ; mais les meilleurs coups font dans la tefte.

LE ROY.

Dités moy ce que c'eft les deux arrefts, celuy de la lance
& celuy de la cuiraffe.

PLUVINEL.

SIRE, L'arreft de la cuiraffe eft une petite piece de
fer, longue de demy pied,& large de deux doigts, attachée
à deux bons avis au cofté droit de la cuiraffe, quatre
doigts au deffus de la ceinture, qui avec une charniere fe
plie, pour n'incommoder le bras du Chevalier hors de la

M m

carrie-

carriere , lequel arreſt le gendarme abaiſſe quand il veut
courre : celuy de la lance eſt une forte courroye de cuir,
large d'un bon doigt, qui fait deux tours à l'entour du tronçon de la lance , proche du derriere de la main : auquel lieu
elle eſt clouée de bons cloux tout autour , & ſert cet arreſt
pour poſer au deſſus de celuy de la cuiraſſe ; d'autant que
ſans cela la main ne ſeroit aſſez forte pour rompre de groſ-
ſes lances de guerre.   Et ſi par hazard quelque mauvais
gendarme manquoit de faire tenir l'arreſt de la lance ſur celuy de la cuiraſſe lors du rencontre , il n'y a doute qu'il ſe
romproit le poignet de la main.

LE ROY.

Parlons à cette heure de la Quinctaine,& me dites ce que
c'eſt, & comme quoy vous voulez que l'on s'en ſerve.

PLVVINEL.

SIRE, Quelquesfois les Chevaliers ſe laſſent de faire
une meſme choſe , de rompre en lice les uns contre les autres , ils y treuvent trop de peine , & quelquesfois du mal
pour le continuer ſi ſouvent; de courre la bague, ils y prennent bien plaiſir, & peu ſouvent s'en laſſent : mais ils n'eſti-
ment pas cet exercice aſſez Martial ; c'eſt pourquoy les plus
inventifs ont trouvé un Milieu, qui eſt une figure d'homme,
qu'ils placent au meſme endroit que celuy qui courroit
en lice contre eux, & de la meſme hauteur. Et là armez ils
rompoient leurs lances,s'ajuſtans contre cette figure d'homme qu'ils nomment Quinctan, tout auſſi bien que contre un
gendarme naturel : & en cette ſorte ils rencontrent un Milieu', outre la furie de rompre en lice les uns contre les autres , & la gentilleſſe de la courſe de bague : l'endroit pour
rompre eſt dans la teſte , les meilleurs coups ſont au deſſus
des yeux dans le front, les moindres au deſſous. Et ſi quelque mauvais gendarme donnoit dans un eſcu que le Quinctan porte au bras gauche, il tourne ſur un pivot, &
taſche de frapper celuy qui s'eſt ſi mal ſervi de ſa lance , lequel

Figure. 47.   3 partie

quel courant en partie, est dehors & perd ses courses pour punition de sa mauvaise grace. On peut à cet exercice faire celle qui plaist le plus de quatre levées, que j'ay dites à vostre Majesté, pource que les lances, desquelles on court contre le Quinctan, sont foibles, & se peuvent rompre sans arrests, mesme le plus souvent on s'y exerce en pourpoint.

_{Figu-}
_{re 47.}

LE ROY.

Il ne reste donc plus à cette heure à me dire sinon la maniere de combattre à cheval, à l'espée.

PLUVINEL.

SIRE, pour faire cet exercice comme il est requis, il est besoin que le cheval l'entende, & que le Chevalier le sçache mener de bonne grace. Car plusieurs se treuvent lesquels font plustost rire la compagnie par leur mauvaise posture, & par leurs gestes ridicules, qu'il vaudroit mieux à telles gens demeurer dans leur logis, que d'entreprendre ce qu'ils n'entendent pas : acquerant par ce moyen reputation d'ignorants, & d'imprudents tout ensemble.

LE ROY.

Que desirez-vous donc de l'homme & du cheval, pour estre dignes de paroistre en bonne compagnie avec honneur en l'action dont nous parlons.

PLUVINEL.

SIRE, Je diray premierement, que sans un bon cheval qui aye toutes les parties requises en cette action, le meilleur Chevalier du monde & le plus adroit n'y sçauroit acquerir que de la honte. Il faut donc qu'il soit de taille assez forte & non trop foible, proportionnée à celle du Chevalier, & qui le puisse franchement porter armé : qu'il soit patient & vigoureux, se laissant conduire de la main, & des talons, au gallop, à toute bride, arrestant juste & ferme, maniant

niant terre à terre vigoureufement fur les paffades furieu-
fes : fur les demies voltes , & fur les voltes , faifant toutes fes actions à toutes les fois qu'il plaift au Chevalier , foit
large ou eftroit , long ou court , fans fe mettre en colere
pour la bride , pour les talons , ny pourquoy que ce foit,
& fans avoir peur des trompettes , tambours , des armes , ny d'aucuns inftruments de guerre. Quand à l'homme , il faut qu'il foit toufiours droit & bien placé dans la
felle , fuivant la pofture que j'ay cy-devant fait voir à voftre
Majefté , fur la perfonne de Monfieur de Termes , avec
une liberté , & fans aucune affectation , foit en faifant partir fon cheval de la main , en le faifant manier, ou en l'arreftant. Bref, je veux qu'il paroiffe auffi libre dans fes armes , comme s'il eftoit en pourpoint , & qu'il face toutes
les actions du combat avec la mefme liberté : n'imitant pas
quantité de perfonnes qui marquent de la tefte , du corps,
des bras , & des jambes , tous les temps que fait leur
cheval, foit au galop, foit terre à terre, hauffant le bras
de l'efpée à contre-temps , ou le laiffant immobile , crians
perpetuellement , ou parlans à leurs chevaux. En pourpoint il eft quelquefois permis d'animer le cheval de la
voix : aux combats de la guerre le Capitaine peut faire le
femblable à fes compagnons : mais à ceux qui fe font fur
la carriere pour le plaifir , le Chevalier ne doit parler ny à
fon cheval, ny à fon ennemy : ains doit fonger feulement
à commencer , continuer & finir de bonne grace , ce qu'il
a entrepris : afin de remporter avec applaudiffement des regardans , l'honneur & la gloire que merite celuy qui s'en
acquite dignement.

LE ROY.

Quand l'homme & le cheval ont les qualitez que vous venez de me dire,ou quelques unes des plus neceffaires,(eftant
bien difficile de les rencontrer toutes enfemble) que defirez-vous qu'ils facent ?

PLV-

PLUVINEL.

SIRE, Il faut qu'ils se placent au lieu marqué pour le Figure 48. combat qui doit estre entre la lice & l'eschaffaut, où vostre Majesté doit estre, si elle ne combat elle-mesme : qu'ils se mettent à quarante pas de distance l'un devant l'autre, l'espée en la main, en mesme posture que cy-devant j'ay fait voir à vostre Majesté, qu'il faut tenir la houssine estant arresté : & demeurant ferme, attendant le son des trompettes pour partir, lequel ne doit plustost commencer que chacun, serrant les deux talons à son cheval, baissant la main de la bride de trois doigts, & haussant le bras de l'épée, doit eschapper furieusement, passer le plus prés de son ennemy que faire se pourra, & en passant donner un coup d'espée non sur la teste à plain, de crainte que ne rencontrant l'homme, on blessast le cheval ; mais sur le devant de la face, tirant un peu vers le costé gauche ; puis au mesme endroit d'où son ennemy est party, prendre une demie volte à courbettes : car c'est là, comme cy-devant j'ay dit, où les belles passades relevées sont necessaires : afin que si quelqu'un des deux acheve de tourner le premier, qu'il attende que son ennemy ayt fait le semblable, son cheval demeurant en une place en la belle action des courbettes : & estans tous deux tournez, repartir en mesme temps, le rencontrer, se donner encor chacun un coup d'espée, & continuer de la sorte jusques au troisiesme rencontre.

LE ROY.

Et à ce troisiesme rencontre, que desirez-vous qu'ils facent ?

PLUVINEL.

SIRE, Il faut que les deux combattans soient d'accord au troisiesme rencontre, qu'au lieu de passer outre pour aller prendre la demie volte, de demeurer & tourner tous

N n 　　　　　deux

deux fur les voltes, vis à vis l'un de l'autre, fe donnans continuellement (en s'attendans, afin de ne fe broüiller) des coups d'efpées, avec une action furieufe, & continuer jusques à la troifiefme volte. Puis ayant juftement la tefte du cofté qu'ils font entrez, chacun s'en doit retourner furieufement d'où il eft party, faifant mine d'aller reprendre une demie volte; au lieu dequoy deux autres au mefme inftant rempliront la place, & feront le femblable. Voilà (S I R E) comme quoy les Chevaliers doivent combatre aux grands tournois & triomphes, pour fe faire eftimer; car en ces rencontres il fe peut donner de fi grands coups d'efpée, que celuy qui n'eft bien adroit à les recevoir, court bien fouvent fortune d'acquerir de la honte au lieu d'honneur : & pour prouver mon dire par un exemple, voftre Majefté fçaura que feu Monfieur le Conneftable de Montmorency, n'eftant encor que Marefchal de France, nommé le Marefchal Dampville, a donné deux coups d'efpée en pareilles occafions de tournois & de triomphes fi rudes, que du premier il renverfa un Prince fur la crouppe de fon cheval : & de l'autre il porta par terre hors de la felle, un Seigneur de qualité, qui avoit reputation d'eftre des meilleurs hommes de cheval de fon temps. Le premier coup fut donné à Bayonne, quand la Reyne d'Efpagne y fut treuver le feu Roy Charles fon frere; & l'autre en cette ville de Paris, au petit jardin qui eft derriere le Louvre, aux combats qui furent faits au temps des nopces de feu Monfieur le Prince de Portian, & tous deux en prefence du Roy, de la Reyne fa Mere, & de tous les Princes & Princeffes, Seigneurs & Dames de la Cour. Auffi devons nous cette louange à fa memoire, en difant de luy que c'a efté le plus adroit à cheval, & à tous les exercices d'honneur & de vertu de tous ceux qui fe font rencontrez de fon temps. Il ne me refte donc plus rien à dire à voftre Majefté, pour ce qui concerne l'exercice de la Cavalerie, fi non en ce qui touche les emboucheüres des chevaux. Mais pour autant que c'eft une chofe qui luy apporteroit plus d'importunité que

té que d'utilité , il fera plus à propos que je m'en taife, que
d'en parler , d'autant que voftre Majefté n'aura jamais faute d'Efcuyers tres-capables,qui prendront garde à ne la laiffer monter fur aucun cheval auquel il manque,quoy que ce
foit, au harnois ny à l'emboucheure.

LE ROY.

Neantmoins je ne laiffe pas de vouloir fçavoir tout ce
qui eft de cet exercice , & particulierement de ce qui de-
pend de voftre methode. C'eft pourquoy ne laiffez rien à
me declarer,& achevez de me faire entendre comme quoy
vous embouchez toutes fortes de chevaux.

PLUVINEL.

SIRE, Tant d'excellens Chevaliers ont parlé de la forte
qu'il falloit emboucher les chevaux , & particulierement le
Seigneur Pietro Antonio Ferrara , Gentil-homme Neapolitain , en a efcrit fi dignement , & avec tant de foin , & de
jugement , qu'il eft impoffible de faire mieux. C'eft pourquoy ceux qui feront curieux de voir grand nombre d'emboucheures de diverfes façons , pourront jetter l'œil (fi
bon leur femble) fur ce qu'il en a mis en lumiere. Pour
moy (SIRE) je me contenteray d'obeyr au commandement qu'elle m'a fait , de luy dire de quelle forte je me fers
des emboucheures , & comme j'en ufe. La meilleure qui
fe puiffe rencontrer , eft celle qui ne fait point de mal dans
la bouche du cheval , conduite par la bonne main du Chevalier , & par la bonne efcole qu'il luy donnera : car de
croire (comme il y en a plufieurs) que la bride feule foit
celle qui affeure la tefte du cheval , & qui le face reculer
& tourner au gré du Chevalier , ce font des comptes trop
abfurdes , defquels je ne defire pas entretenir voftre Majefté. Car tout ainfi que la diverfité des efperons , foit pic-
quans ou mornez , ne font pas manier les chevaux , s'ils ne
font placez aux talons de quelqu'un qui s'en puiffe bien fervir ; tout de mefme la diverfité des brides n'accommode

pas

pas la tefte , ny la bouche des chevaux , fi la main de celuy
qui s'en fert,n'eft experimentée en l'exercice. Neantmoins
il eft neceffaire de donner de la commodité,& du plaifir au
cheval , le plus que faire fe pourra ; eftant certain qu'il y a
des emboucheures qui peuvent fervir aux uns , qui ne feroient pas propres aux autres : & qui au lieu de leur eftre
agreable dans la bouche , leur apporteroient de l'ennuy.
Pour cette caufe je dis, que le principal effect du mors confifte en la branche longue , ou courte , flacque ou hardie ;
l'œil haut ou bas, droit ou renverfé.

    Comme pour exemple,fi le cheval porte le nez trop haut,
faut que l'œil de la branche foit un peu haut , le bas de la
branche jetté en avant , ce qui s'appelle hardie, qui eft propre pour ramener la tefte du cheval. Si au contraire le cheval porte la tefte trop bas,il faut que la branche foit flacque
jettée en arriere , & l'œil bas. Mais fi naturellement il porte bien fa tefte , il fera befoin que les branches foient ju-
ftes , par ligne droite depuis le banquet jusques au touret
de l'anneau de la refne. Quand à l'emboucheure , la pratique m'a appris qu'une douzaine ou plus fuffifent pour toutes
fortes de chevaux : à fçavoir un canon fimple, montant peu
ou beaucoup , ou avec une pignatelle , c'eft à dire , que le
pas d'afne trebuche en arriere , qui ne peut offencer le palais de la bouche du cheval. La feconde, une efcache à pas
d'afne trebuchant de mefme. La troifiefme, une efcache à deux petits melons à couplet montant garny d'annelets rayez:eftant à noter que tous les pas d'afnes en doivent
eftre garnis pour donner plaifir à la langue du cheval : la
quatriefme tout de mefmes,excepté que l'efcache doit eftre
de la forme d'un petit baftonnet , & les melons un peu plus
hauts , comme balottes. La cinquiefme, deux melons avec
deux petits anneaux derriere, à pas d'afne tout d'une piece.
La fixiefme , deux poires fort eftroites , avec deux petites
ballotes prés du pas d'afne , qui trebuche de deux coftez.
La feptiefme , des poires coupées à pas d'afne. La huictief-
me, deux poires renverfées à la Pietro Antonio , le pas d'af-

nes

nes prenant entre la branche & la poire. La neufiefme, une
Pluvinelle , qui eft l'emboucheure toute d'une piece, à peu
prés comme une fimple genette. La dixiefme , toute femblable, finon deux petites ballotes fort eftroites enchaffées
dans l'emboucheure. L'onziefme, une baftarde,qui tient de
la genette & de la Françoife , qui a de l'ouverture , & non
point de pas d'afnes : la gourmette eftant tout d'une piece,
de façon qu'elle fouftient jufte le mors. La douziefme, une
genette,dequoy je me fers pour les haquenées, chevaux de
pas, ou de chaffe , pource que je les treuve plus legers à la
main. Mais pour bien ordonner un mors au cheval qu'on
veut emboucher , il faut fçavoir cognoiftre ce qu'il a befoin
pour fa commodité , & de celle du Chevalier : Premierement que le cheval aye la commodité de la langue, qui luy
eft neceffaire. Que l'emboucheure porte juftement fur le
coin des gencives, puis fi la levre eft trop groffe , la feparer
d'avec la gencive avec les annelets;y ayant quantité de chevaux qui mettent la levre fous l'emboucheure , & par ce
moyen en oftent l'effect. En apres il faut bien approprier
les branches & l'emboucheure, courtes, longues, flacques,
ou hardies : l'œil haut , ou bas, felon que le requiert la forme de l'encoleure,& la pofture de la tefte du cheval. Prendre garde auffi fur toutes chofes que la gourmette porte &
repofe en fa place , qui eft le petit ply fous la barbe du cheval. Et fi par hazard le crochet de la gourmette pinçoit la
levre , il le faudra fort courber en haut vers la branche du
mors, ce qui arrive fort fouvent,principalement quand l'emboucheure eft un canon , à caufe de fa rondeur , qui enfle
& releve la levre par trop. Confiderer en outre , fi la bouche eft beaucoup fenduë , & en ce cas luy mettre du fer
davantage dedans. Ou bien mettre la tranche-fille plus
haut prés de l'œil de la branche, voire dans l'œil mefme, s'il
eft befoin. Si auffi la bouche eft peu fenduë, luy faudra
mettre peu de fer dedans, & s'il eft befoin ofter la tranche-
fille du tout. Si le cheval ouvre la bouche par trop , le pas
d'afnes à la Pignatelle luy fera plus propre , pour ce qu'il

trebu-

trebuche en arriere fur la langue ; ayant efté inventé tout
exprés pour cet effeét, & pour n'offencer le palais de la
bouche du cheval. S'il tourne la bouche en façon de cifeaux
deça & delà ; les emboucheures d'une piece font les meilleures,& neceffaires pour empefcher cette aétion mal feante , & à tels chevaux ferrer fort la muferolle. Toutes lefquelles chofes font fi neceffaires d'obferver foigneufement,
que qui y manque en la moindre partie , la bouche du cheval, & la main du Chevalier ne peuvent avoir leur commodité parfaiéte. Voylà donc en termes generaux,ce que je juge propre pour emboucher toutes fortes de chevaux , tant
pour la proportion des branches , que du dedans de la bouche du cheval,en y adjouftant ou diminuant,advançant, reculant, ou changeant quelque piece de l'emboucheure : car
pour la gourmette,encore qu'il s'en face de plufieurs façons,
je ne me fers que de l'ordinaire bien proportionnée,excepté
quand le cheval a la barbe deliée, tendre & fort fenfible, je
luy en mets une de cuir jufques à ce qu'il foit du tout ferme de tefte , eftant tres-neceffaire de bien ajufter cette
piece , principalement à ceux qui n'ont que la peau fur les
os de la barbe , & point de petit ply pour tenir , & empefcher qu'elle ne monte par trop : ce qui fe rencontre en
beaucoup de beaux & bons chevaux: mais pour y remedier,
il faut tenir les crochets de la gourmette un peu longs &
courbez ; & par confequent les mailles ou anneaux plus
courts : & s'il eft befoin , mettre un petit annelet au deffus
de chacun des deux crochets dans l'œil de la branche du
mors, qui empefchera le crochet de fe fouflever , & le contraindra de demeurer toufiours bas en fa place; que je treuve eftre le plus grand fecret pour ajufter la gourmette.Quant
à la mefure & proportion des mors, tant des branches que
des emboucheures,il ne s'en peut parler qu'en general,pour
ce que chafque cheval portant la jufte mefure de fa tefte,de
fa bouche , de fa bonne ou mauvaife pofture, & de fon encoleure droite , renverfée , bien ou mal tournée, courte ou
longue : C'eft au prudent & jùdicieux Chevalier d'approprier

prier l'emboucheure & la branche, selon ce qu'il cognoistra
estre expedient pour la commodité de luy , & de son cheval. Voylà (S I R E) ce que j'ay pratiqué, & rencontré estre
le meilleur pour emboucher les chevaux, ce qui empeschera
que je ne m'estende d'avantage en cette recherche : joint
qu'ayant esprouvé le peu de profit que la quantité d'emboucheures apporte, cela m'a obligé de m'arrester à ce que j'ay
trouvé estre le plus utile : pouvant dire avec verité , n'a-
voir jamais veu de chevaux qui avec la bonne escole ne se
soient accommodez , & demeurez en bonne action , avec
l'une des emboucheures cy-dessus nommées. Partant (S I-
R E) vostre Majesté aura agreable , s'il luy plaist, que j'en
demeure à ce terme, & que je finisse ce discours par un
tres-humble remerciement, de l'honneur qu'elle m'a faict
de s'estre donné la patience de l'entendre : priant Dieu de
tout mon cœur, que le plaisir qu'elle m'a tesmoigné prendre en m'escoutant, puisse tellement agir dans sa memoire,
qu'en ayant retenu la plus grande partie, elle le puisse mettre en pratique aux occasions necessaires, au contentement
general de tous ses subjects, & du mien particulier, qui
n'auray point de regret de quitter le monde, apres un tel
ressentiment de plaisir.

L E R O Y.

Monsieur de Pluvinel, j'ay receu un tel contentement
à vous entendre, que j'espere mettre bien-tost en pratique, avec peu de difficulté, tout ce qui est necessaire
pour me bien servir d'un cheval ; & afin que je vous en
rende quelque tesmoignage, faites-moy amener le Boni-
te, afin que je le face manier sans perdre un temps en *Figu-* *re 50.*
avant, en arriere, de costé, & en une place, pour vous
monstrer comme quoy j'ay bien escouté & retenu ce que
vous m'avez dit.

MONSIEUR LE GRAND.

S I R E, il faut confesser que c'est un miracle de voir
                                                                  vostre

voftre Majefté, faire ce qu'un efcolier d'un an, voire de plus, n'oferoit entreprendre avec une telle affeurance : ne fe pouvant faire manier ce cheval fenfible comme il eft, avec plus de jufteffe, & de refolution ; & telle que Monfieur de Pluvinel en eft fi ravy d'eftonnement, qu'il en eft demeuré en extafe, & fans parole.

PLVVINEL.

SIRE, il eft vray que je n'ay jamais efté plus eftonné, & plus content tout enfemble, que d'avoir veu ce que je viens de voir, ofant affeurer avec verité, que fi V.M. a agreable de prendre plaifir encore trois mois dans cet exercice, qu'elle en aura atteint la perfection.

LE ROY.

J'y prens trop de plaifir pour le discontinuer : mais afin que le public profite de la facilité de voftre methode, je veux que vous mettiez par efcrit tous les difcours que vous m'avez faits ; & que pour les expliquer davantage, vous faciez graver en belle taille douce les figures des Chevaliers, & des chevaux, felon l'ordre de vos meilleures leçons, pour faire remarquer la bonne pofture du Chevalier & du cheval, à toutes fortes d'airs, aux courfes de bagues, rompre en lice, à la Quintaine, & combatre à cheval : enfemble les emboucheures, & les mors, dequoy vous vous fervez ordinairement pour bien & juftement emboucher toutes fortes de chevaux, vous affeurant que cet ouvrage me fera tres-agreable.

PLVVINEL.

SIRE, Dieu vueille que tout ainfi que j'ay obey à deux grands Roys vos Predeceffeurs, qui m'ont toufiours fait l'honneur de me tefmoigner avoir mon tres-humble fervice agreable, je puiffe avec pareil bonheur faire chofe, en obeyffant à voftre Majefté, qui la convie me departir de pareilles faveurs. Mais (SIRE) me cognoiffant à prefent approcher

cher le dernier periode de ma vie, c'eſt avec un regret ex-
tremé, de voir que la plus grande part de voſtre Nobleſſe
ſe plonge tellement dans l'oyſiveté, que le vice prenne la
place de la vertu,qui faict que voſtre Majeſté l'ayant agreable, je luy rafraichiray la memoire des remedes que je luy
ay autrefois repreſentez, pour eſtoufer dés leur naiſſance
les mauvaiſes habitudes, qui cauſent la perte de ſi grand
nombre de jeuneſſe.

LE ROY.

Vous me ferez plaiſir de me dire voſtre advis là deſſus,
les moyens que vous jugeriez les plus propres, pour éviter
ces desordres, & faire que le vice cedaſt à la vertu.

PLUVINEL.

SIRE, puis qu'il vous plaiſt me le commander, & vous
donner la patience de m'entendre,je vous diray comme j'ay
touſiours remarqué ſoit en liſant, ſoit en pratiquant, que la
plus grande force de la Monarchie Françoiſe conſiſte en la
Nobleſſe, laquelle de tout temps a pris tel plaiſir à la generoſité,& à la recherche de la vertu,que cette humeur leur
ayant continué juſques à cette heure, vous voyez que la
plus grande part ſe contente encore d'avantage des careſſes,des courtoiſies & des paroles de leur Roy & des Princes,
que des bien-faits qu'ils reçoivent d'eux par la faveur d'au-
truy : & que les meſpris leur ſont tellement à contrecœur,
& leur ont eſté de tout temps, qu'il s'en eſt veu grande
quantité par le paſſé, qui deplaiſans du peu d'eſtime que
faiſoient leurs Souverains d'eux, les ont abandonnez pour
ſuivre de moindres, qui ſeulement les obligeoient par
quelque courtoiſie. M'eſtant apperceu que ceux qui ont
voulu entreprendre de grandes choſes, ſoit pour le bien
de l'Eſtat, ſoit pour le leur particulier, ſe ſont touſiours
fortifiez de la Nobleſſe, n'ayant apporté autre artifice,
pour gagner tous ces braves courages, que le ſeul bon viſage. Qui me fait entrer en conſideration,que ſi avec les paro-

les courtoifes on y joignoit quelques effects , que ce feroit un aymant fi fort pour les retenir obligez à celuy qui agi-roit en cette action , que difficilement pourroit-on feparer ces perfonnes-là d'avec leur bienfaicteur.

LE ROY.

Quels effects voudriez-vous que je joigniffe aux paro-les pour faire ce que vous defirez ?

PLUVINEL.

SIRE, Il faudroit que V. M. fift comme le bon Mede-cin, lequel encore qu'il ayt cognoiffance de grande quanti-té de remedes, il choifit, pour guerir un malade, celuy qu'il juge le plus propre pour le foulager, apres avoir exactement confideré & veritablement recognu la complexion de fon patient. De mefmes y ayant plufieurs fortes de voyes pour faire du bien aux hommes , il faut confiderer de prés l'hu-meur de ceux ausquels on defire bien faire , & leur offrir les chofes les plus agreables pour leurs contentemens ; & en ufant de la forte , il fera mal-aifé que celuy qui fe fervira de cette methode , ne gagne l'affection non feulement de ceux qui l'aborderont , mais encor de beaucoup qui n'au-ront cognoiffance de luy que par reputation : & pour m'ex-pliquer davantage à voftre Majefté, je prendray la hardieffe de luy dire , que l'ufage du monde m'a fait cognoiftre que toute la Nobleffe de ceft Eftat eft plus paffionnément defi-reufe d'eftre inftruite à la vertu, à la civilité, à la courtoifie , aux bonnes mœurs , à la propreté , à bien faire les exerci-ces, foit des armes , foit de ceux qui fe font pour le plaifir, & pour la bienfeance , que de toute autre chofe : que c'eft la plus grande ambition des Peres , quand ils commencent à decliner de leur premiere vigueur , que de voir refufci-ter leurs vertueufes actions, en ceux qu'ils ont mis au mon-de,n'ayant plus de regret de l'abandonner quand ils voyent leurs enfans heriter de leur bien & de leurs perfections tout enfemble. Qui me fait avoir une creance certaine,que tou-

te la

te la Nobleſſe Françoiſe ne ſe peut obliger davantage , ny
retenir avec de plus fortes chaiſnes, que de luy donner l'invention & le moyen d'exercer leur corps & leur eſprit aux
exercices vertueux , pour contenter la genereuſe ambition
qui anime leur courage , & porte leur eſprit au deſir de ſur-
paſſer toutes les autres nations, en force , jugement & addreſſe : car ayant acquis ces qualitez,conduits par celuy auquel ils auront cette obligation , il n'y a nulle doute qu'ils
ſeront capables d'entreprendre & d'executer toutes choſes;
& de s'expoſer en toutes ſortes de hazards, pour la conſer-
vation & pour l'advancement de leur bienfaiĉteur , y ayant
de l'apparence & de la certitude, que celuy qui aura le ſoin
de leur elevation,ne manquera de leur infuſer dans la fanta-
ſie un deſir de ſervir celuy qui leur aura cauſé la bonne nourriture , qui les rendra recommandables & admirez par deſſus le commun des autres hommes.

LE ROY.

Mais pourquoy juſques à preſent aucun de tous ceux
qui ont regné auparavant moy dans ce Royaume , ne s'eſt
il adviſé du moyen que vous me dites de gratifier la Nobleſſe ?

PLUVINEL.

SIRE, Il y en a une raiſon tres-veritable , qui eſt qu'en
ce temps-là la France eſtoit ſi ſterile de perſonnes capables
d'entreprendre , & de faire reüſſir à bien , l'inſtruction de la
jeuneſſe, qu'ils eſtoient contraints de l'aller mendier parmy
les eſtrangers , d'où la pluspart retournoient auſſi ignorans
qu'ils y eſtoient allez : d'autant que les eſtrangers n'eſtans
curieux que de s'enrichir à leurs deſpens , ils leur mon-
ſtroient ſi peu que cela ne pouvoit produire aucun bon effect; joint auſſi que pour la civilité & pour les mœurs, l'é-
cole eſtrangere n'eſt pas propre aux eſprits François. Mais
ce n'eſt pas une conſequence,que ce qui ne s'eſt treuvé par
le paſſé en cet Eſtat, ne s'y puiſſe jamais rencontrer ; pource

ce que la vertu ayant animé le courage de plufieurs, elle a
fait que quelques-uns en ce temps fe font rendus dignes de
faire du bien à leur pays par le bon exemple,& par la bonne
nourriture qu'ils peuvent donner à la jeune Nobleffe, fi
tant eft que leur bonne volonté foit fecouruë & appuyée de
l'authorité de voftre Majefté ; laquelle par cette voye obligera & conquerra non feulement ceux qui par fon moyen
feront eflevez de la forte ; mais aufli tous leurs parens &
leurs amis, qui participeront au reffentiment qu'ils en auront. C'eft pourquoy (SIRE) j'ofe fupplier voftre Majefté, de treuver bon l'advis que je luy donne, de fonder quatre
tre Academies en voftre Royaume, l'une à Paris, la feconde
de à Tours ou à Poictiers, la tierce à Bordeaux, & la quatriefme à Lyon : & y commettre en chacune une perfonne
de qualité & de fuffifance,digne d'en avoir la conduite,leur
donnant commodité pour cela, afin que par le moyen de
cette aide ils puiffent faire meilleur marché des penfions :
& qu'ainfi les pauvres Gentils-hommes y foient aufli bien
receus que les riches. D'autant qu'il n'y a aujourd'huy que
ceux qui ont quantité de biens, qui puiffent faire inftruire
leurs enfans aux bonnes mœurs : en ce que pour faire efle-
ver un jeune homme, il faut premierement pour la penfion de luy & de celuy qui le fervira, cinq cens efcus par
an, fans compter les habits & autres chofes neceffaires. Et
fi encore ceux qui tiennent les efcoles, ne peuvent à ce
prix-là faire ce que je diray cy-apres, ny s'aquitter fi dignement de cet office qu'ils defireroient : mais eftans un peu
fecourus de voftre Majefté, ils pourront mettre les penfions
à mille livres ou moins, s'il fe treuve qu'ils y puiffent fubfi-
fter : & que Meffieurs les Gouverneurs & Magiftrats des
lieux où feront fituées ces belles efcoles, cognoiffent qu'ils
s'y puiffent fauver : eftant neceffaire que la taxe des penfions foit faite en la prefence du Gouverneur (avec celuy qui fera ordonné pour conduire & enfeigner cette
jeuneffe) par les Magiftrats du lieu, comme gens entendu-
dus à la valeur des chofes neceffaires, pour l'entretenement

ment de cette vertueufe affemblée : & par là ce feroit ou-
vrir la porte aux pauvres , qui n'ont pas le moyen aujourd'-
huy de faire une fi grande defpenfe , pour la nourriture de
leurs enfans.

LE ROY.

Pourquoy les perfonnes qui entreprendront l'inftruction
de cette jeuneffe , ont-ils befoin de mon fecours , puis qu'il
y en a nombre dans mon Royaume qui n'en attendent
d'autre que celuy qu'ils peuvent acquerir par leur labeur ?

PLUVINEL.

SIRE, Il eft vray que plufieurs à Paris fe font effor-
cez d'arriver à ce but ; mais peu ailleurs, ny point du tout,
ny à Paris , ny aux autres lieux , qui ayent fplendidement
fait cet affaire.

LE ROY.

Pourquoy ceux qui tiennent à prefent les Academies,
ne les peuvent-ils faire avec la fplendeur que merite la
chofe ?

PLUVINEL.

SIRE , C'eft qu'il y a fort peu de gens de qualité en cet
Eftat qui fe meflent de cet exercice : & que la pluspart de
ceux qui y vacquent, n'ayant autre but que leur profit particulier, il eft impoffible que par cette voye ils puiffent bien
s'acquiter de leur devoir : eftant tout certain que les affai-
res domeftiques ont toufiours nuy , & nuiront aux publi-
ques. Mais quiconque voudra nettement & en confcience
faire quelque chofe qui luy apporte de l'honneur , il faut
qu'il aye un fonds duquel il eftoit affeuré , afin qu'il ne
foit point forcé à ufer de complimens & d'attraits à la jeuneffe qui eft fous fa conduite , & quelquefois de tole-
rances aux vices , pour les retenir , ou pour en attirer d'au-

Qq   tres ;

tres ; & ce de crainte que manquant d'efcoliers , la charge
de fon équipage luy demeure fur les bras , fans autre re-
cours que ce qu'il pourra retirer de fon bien , ce qui n'eft
pas raifonnable : car il n'y a nulle apparence qu'un homme vertueux & de bonne qualité , depende le fien pour
faire du bien aux autres : occafion qui m'oblige de reprefenter le befoin qu'il a de quelque peu d'aide pour faire ce
que je propofe : & d'autant que la grandeur de la chofe
pourroit faire naiftre de la difficulté , & faire penfer à voftre Majefté , que les grands deffeins ne fe meinent gueres , afin qu'avec une grande defpenfe qu'il faut éviter en
ce temps de tout fon pouvoir , & qui eft tellement appre-
hendée en cet Eftat , que le plus fouvent les actes vertueux
ont efté enfevelis dans l'oubly par faute de faire cas des
perfonnes qui les pouvoient monftrer au jour , j'ay creu
devoir luy lever ce doute , puis que la cognoiffance que
j'en ay , m'en donne le moyen.   Je dy donc qu'il eft befoin
à celuy qui veut entreprendre la conduite d'une efcole de
vertu , telle que je la reprefenteray cy-apres , d'avoir un logis grand & fpacieux pour loger les Gentils-hommes qui
luy feront mis entre les mains. D'avantage il luy faut au
moins vingt chevaux d'abord , gens pour les panfer , offi-
ciers & ferviteurs pour fon affaire , Tireur d'armes , Maiftre à dancer , Voltigeur , Mathematicien , un homme de
lettres pour faire les leçons que je diray. Toutes lefquelles perfonnes il faut payer , foit qu'il y aye beaucoup d'efcoliers , foit qu'il y en aye peu : tellement qu'eftant une
chofe certaine qu'il faut toufiours avoir moyen d'entretenir cet équipage , & incertaine d'avoir nombre fuffifant
d'efcoliers pour fubvenir à ces frais : cela eft caufe que
cet affaire merite un fonds pour la faire reüffir comme il
faut , & durer perpetuellement au grand profit & utilité
de l'Eftat.

LE ROY.

Je ne plaindray jamais la defpenfe lors qu'il s'agira de
gratifier

gratifier ma Nobleffe ; mais auparavant que d'en venir à ce point, dites moy quel ordre vous voudriez apporter dans les efcoles dont vous me parlez, & de quelle forte la jeuneffe que j'y mettrois, y feroit enfeignée.

PLUVINEL.

SIRE, Toute la matinée feroit employée pour l'exercice de la Cavallerie, & pour courre la bague l'apresdinée, fçavoir le Lundy, Mercredy, Vendredy & Samedy, pour les exercices de tirer des armes, dancer, voltiger, & les Mathematiques. Et pour les deux autres, fçavoir le Mardy & le Ieudy l'apresdinée, il feroit à propos que celuy que cy-deffus j'ay qualifié homme de lettres, traitaft en prefence de toute cefte jeuneffe affemblée :

Premierement de toutes les vertus morales, enfemble des exemples qui fe tirent des Hiftoires, tant anciennes que modernes pour les efclaircir : & apres les avoir inftruits fur ce qui defpend des mœurs, paffer à la Politique, comme la partie la plus neceffaire : & là deffus leur monftrer la forme qu'il faut tenir pour gouverner les Provinces, les villes & les places que voftre Majefté leur peut remettre entre les mains : comme il faut fe maintenir aux armées, foit pour commander, foit pour obeyr : comme quoy fervir fon Maiftre, foit en Ambaffade, foit en quelqu'autre affaire particuliere : bref, tafcher par ce moyen de les rendre capables de bien fervir leur Prince, foit en paix, foit en guerre.

Davantage, confiderant qu'il y a plufieurs qui fe meflent de mener des chevaux, & de porter une efpée, qui fe treuveroient fort eftonnez s'ils fe voyoient à cheval, armez de toutes pieces : Cela fait que je defirerois tous les mois choifir un jour de fefte, & apres le fervice de Dieu, ayant nombre fuffifant de Nobleffe, en faire armer, foit pour courre la bague, foit pour rompre en lice, foit pour fortir à la campagne, pour là leur apprendre la maniere d'aller

ler au combat, le moyen d'attaquer une escarmouche, la
forme de se retirer; bref, tout l'ordre de la guerre, &
faire ces combats tantost à cheval tantost à pied, en faisant
faire des forts de terre, & les faire attaquer & deffendre
à ceste jeunesse, (selon leur force) pour leur enseigner à
bien attaquer une place, & à la bien deffendre, donner
les commandemens alternativement aux uns & aux autres,
afin de les rendre tous dignes de bien commander, & bien
obeyr.

Si vostre Majesté entre en consideration de ces choses,
elle jugera que l'execution de cette entreprise produira de
si bons effets dans ce Royaume, qu'il pourra dire avoir
plus receu de bien d'elle seule, que de tous ceux qui y ont
commandé auparavant, & marqué son Regne d'une si belle marque, que les loüanges de V. M. seront publiées eter-
nellement dans cette Monarchie;d'autant que par ce moyen
elle en aura banny tant de vices qui y sont si communs: Premierement le peu d'amour & de respect à Dieu & à son
Prince; la desobeyssance à ses commandemens, d'où il s'en
est ensuivy autresfois des revoltes, des conjurations, &
mille autres crimes qui dependent de là : les querelles & les
duëls si frequents en ce temps : & quantité d'autres desordres que j'aurois horreur de nommer, qui ne prennent leur
source que du manquement que les esprits ont de bonnes
occupations en leur jeunesse; faute desquelles il se laissent
aller insensiblement dans ce labyrinthe de vices, d'où puis
apres ils ne se peuvent retirer. Car c'est une chose toute
cognuë, que la nourriture a plus de force sur les esprits des
hommes, que leur naissance & leur inclination naturelle; &
les exemples que nous y voyons tous les jours, nous en
donnent tant de certitude qu'il n'en faut entrer en doute,
en ce que ceux qui se remarquent parmy nous, non seulement nous font voir cette verité; mais aussi ceux qui se rencontrent parmy les plus barbares & infideles nations de la
terre. Et pour m'esclaircir d'avantage à vostre Majesté, il
ne faut que considerer la nourriture qui se fait par le soin du

Grand

Grand Seigneur des enfans qu'il prend ſur les Chreſtiens par
tribut ; deſquels il eſt ſi curieux de l'eſlevement & de l'inſtruction , qu'apres les avoir fait apprendre à luy rendre du
ſervice , il ne confie pas ſeulement ſes places en leur fideli-
té ; mais ſa perſonne meſme , de telle ſorte , que ſans leur
aſſiſtance ceux qui ont tenu cét Empire, euſſent perdu beaucoup de fois la vie & l'honneur tout enſemble. Par là on
peut tirer une conſequence certaine , que ſi des enfans ſor-
tis de peres Chreſtiens , eſtans ravis par force d'entre les
bras de leurs parens , par le commun ennemy de la religion
en laquelle ils ſont nez , nonobſtant toutes ces conſidera-
tions, portent (en recompenſe de la bonne nourriture qu'ils
ont receuë) leur vie contre leurs plus proches, pour ſouſtenir les volontez de celuy qui les a eſlevés. Que des Gentils-
hommes vrayement nez François & Chreſtiens , la porte-
ront bien plus franchement pour leur Prince naturel, ſi l'obligation qui les y adſtraint par la loy divine & humaine , eſt
fortifiée d'un ſoin particulier de les faire tous inſtruire en la
cognoiſſance de la vertu , & de toutes ſortes d'honneſtes
exercices de l'eſprit & du corps : n'y ayant point de treſors
ny de biens qui puiſſent tant obliger un franc courage
qu'une bonne inſtruction ; qui fait que je ne m'amuſeray
point particulierement à dire les fruits que le general reſ-
ſentiroit de la bonne nourriture de ceux qui paſſeroient par
de ſi bonnes eſcoles. J'en laiſſeray la conſideration à ceux
qui ont aſſez de jugement pour cela : ny ne parleray point
du contentement & du profit que V.M. recevroit en l'execution d'un ſi beau deſſein. Seulement je la ſupplieray de remarquer , que les grandes conqueſtes , & l'inſtitution des
bonnes loix ne s'eſtans jamais faites que par la force, l'induſtrie & la bonne nourriture des hommes ; celuy qui aſſuje-
tira leur courage dés leur premiere jeuneſſe , y infuſant les
bonnes mœurs , & ployant leur nature au bien , aura avec
raiſon plus de pouvoir de conquerir les Monarchies , & de
faire obſerver ſes commandemens , s'il peut rendre à ſa de-
votion ceux qui font ou deffont les Royaumes.

R r

L E

LE ROY.

Je voy de l'apparence en voſtre diſcours , eſtimant qu'il
n'en peut reüſſir que de bons effects : & conçoy la raiſon
pourquoy il faut quelque peu d'aide à ceux qui auront la
charge de ces eſcoles de vertu. Dites-moy donc, Monſieur
de Pluvinel , quel fonds vous jugeriez neceſſaire pour l'e-
ſtabliſſement de quatre Colleges d'armes dans mon Royaume, tels que vous me les avez deſignez cy-devant.

PLUVINEL.

SIRE , La propoſition que je fais à V. M. de fonder ces
eſcoles vertueuſes, & donner moyen à ceux qu'elle ordon-
nera pour y commander de s'en aquiter ſi dignement , que
la reputation en puiſſe voler par toute la terre , eſt de ſi
peu de deſpence pour le grand bien qui en proviendra à
l'advenir , que je ſuis aſſeuré que tous ceux qui font pro-
feſſion de l'honneur, joindront leurs prieres à mes tres-hum-
bles ſupplications , puis que la charge eſt de ſi peu de conſequence au prix du benefice , & laquelle encore voſtre
Majeſté peut treuver , ſans qu'il luy couſte , ny ſans que le
public, ny le particulier en ſoit intereſſé.

Le fonds que je deſire qui ſoit treuvé pour cela, n'eſt que
de trente mil livres par an , leſquelles ſe pourront partager
en quatre : ſçavoir eſt à Paris douze mil, pource que l'a-
bord eſtant plus grand en cette ville , tant pour la demeure
de la Cour , des Ambaſſadeurs , que de toutes ſortes d'e-
ſtrangers , il eſt neceſſaire que l'eſcole y ſoit plus grande &
plus ſplendide qu'ailleurs. Puis les dix-huict mil livres qui
reſtent, les diviſer eſgalement à Tours, Bordeaux, & Lyon,
à chacun ſix mil livres : toute laquelle ſomme de trente mil
livres ſe pourra prendre ſur le fonds des penſions ou entre-
tenements que V. M. donne tous les ans à ſa Nobleſſe :
d'autant que cette petite ſomme retranchée ſur le total,
chaſque particulier s'en reſſentira ſi peu , que tous ſeront
contens de cette ouverture , & ne s'en treuvera point , ny
                                                    meſme

mefme de ceux qui font des meilleures Maifons,qui n'ayent
des enfans ou des parens, lefquels par faute de bonne
nourriture fe plongent tous les jours dans le vice ; m'affeurant qu'il n'y en a aucun de tous ceux qui tirent des gratifi-
cations de voftre Majefté, qui n'aymaft mieux n'en avoir
jamais eu, que de voir fon fils, fon nepveu, ou fon parent
en hazard d'eftre ignominieufement traitté de la Juftice,
comme ceux qui conduits de la furie, ont cy-devant tranf-
greffé vos Edicts, & perdu l'honneur & la vie tout enfemble. Ce qui ne feroit arrivé, fi du commencement ces imprudents euffent efté eflevez dans les efcoles femblables
à celles que je propofe à voftre Majefté ; laquelle encore
pourra dans peu de temps retirer, fi bon luy femble, cette petite fomme, & au lieu y affecter des penfions fur les
benefices à mefure qu'ils vacqueront, & où il y auroit quelqu'un cy-apres, qui (nonobftant les moyens que voftre
Majefté donneroit pour faire nourrir fa Nobleffe à la vertu,
& en l'obeyffance de fes commandemens) vint à manquer
à fon devoir, & transgreffant les ordonnances, obligeaft la
Juftice de pourfuivre la perte de fa vie : il feroit à propos
que les biens du delinquant fuffent confifquez, & mis à
l'entretenement & augmentation de ces Colleges d'armes,
afin que peu à peu le revenu y croiffant, ce fuft un moyen
à l'advenir, que les pauvres Gentils-hommes y peuffent
eftre nourris fans payer penfion, ny fans qu'il leur couftaft,
finon une eternelle obligation qu'ils auroient à V. M. & me
femble eftre une chofe tres-jufte, que fi un Gentil-homme
vient à faillir par imprudence, manque d'avoir efté bien
nourry en fon bas aage, & que fon bien foit confifqué, que
l'emolument qui proviendra de la confifcation, foit employé
à donner ordre que la jeuneffe (peut-eftre les parens du
coulpable) foit divertie par une bonne inftruction, à ne
tomber pas en un pareil accident : car par là ce fera empefcher que tous les Gentils-hommes, ny mefme les plus
proches des criminels, ne fe pourront offencer legitime-
ment, puis que le bien ne feroit appliqué qu'au profit de

                                                    tout

tout le corps de la Nobleſſe , & à l'elevation aux bonnes mœurs de ceux qui ſont de la meſme qualité.

Voylà donc (S I R E) les meilleurs moyens que je connoiſſe pour bannir les vices qui regnent parmy la Nobleſ-ſe de voſtre Royaume : & les puiſſans remedes pour guerir les pernicieuſes maladies,qui ont ravy à cette Monarchie tant de gentils courages ; lesquels moyens je n'euſſe pas eſté ſi temeraire d'offrir à voſtre Majeſté : mais la cognoiſ-ſant portée à aymer ſes ſubjeƈts , lesquels je voy aujourd'-huy du tout privez de bonne inſtruƈtion , & abandonnez dans des aƈtions indignes des courages François : j'ay creu qu'elle n'auroit point des-agreable ſi je la faiſois ſouvenir de ce qu'autresfois elle a treuvé bon que je luy propoſaſſe : laquellè propoſition (S I R E) le feu Roy voſtre pere avoit treuvée ſi bonne , que ſans la perte de ſa vie il l'euſt faite reüſſir. Mais comme toutes les choſes dépendent de la volonté de Dieu, je croy qu'il a reſervé à V. M. l'execution de ceſte genereuſe entrepriſe, afin d'attirer ſur elle les benediƈtions , non ſeulement de toute la Nobleſſe de cét Eſtat , mais auſſi de tous les peuples qui en ſeront gouvernez ſous l'authorité de V. M. Pour moy (S I R E) ce que je feray d'oreſnavant ſera de prier le reſte de mes jours ſa Divine bonté,qu'elle face durer voſtre regne auſſi longuement que tous les gens de bien le deſirent.

F I N.

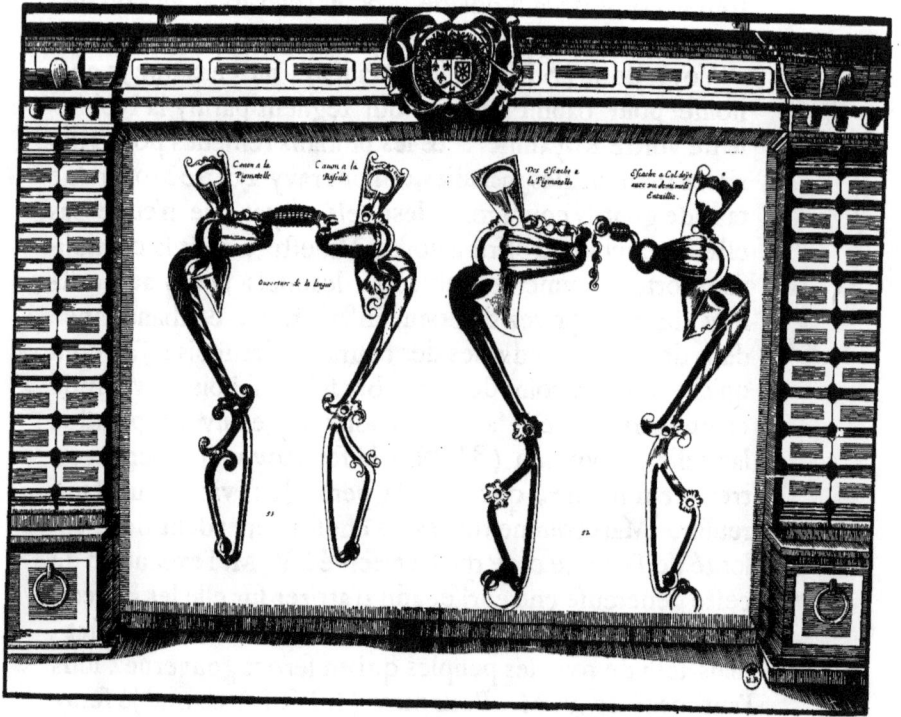

Caum a la
Pignatelle

Caum a la
Biffola

Des Effache a
la Pignatelle

Effache a Col doye
auec vn demi mell
Entailliee

Ouuerture de la langue

Embouchure à la Pignatelle avec deux roüelles, sont triort le deux pointes boistées pres du gas d'oie

Embouchure à gas d'oie d'une piece avec son Melon

L'embouchure à pas defais est d'une piece à goir renverse

Embouchure montant apres boitelettes avec le Campanelle

Ouuerture de la bague

Ouuerture de la bague